# EM DEFESA DA
## SOCIEDADE ABERTA

# GEORGE SOROS

## EM DEFESA DA SOCIEDADE ABERTA

*Tradução*
Cássio de Arantes Leite

Copyright © 2019 by George Soros

Publicado mediante acordo com Public Affairs, um selo da Perseus Books, LLC, subsidiária da Hachette Book Group, Inc. Nova York, EUA. Todos os direitos reservados.

TÍTULO ORIGINAL
In Defense of Open Society

PREPARAÇÃO
Anna Beatriz Seilhe

REVISÃO
Sabrina Primo
Rayana Faria

DIAGRAMAÇÃO
Aline Martins | Sem Serifa

ADAPTAÇÃO DE CAPA
Túlio Cerquize

CAPA ORIGINAL
Pete Garceau/Imagem © Brendan Smialowski/AFP/Getty Images

CIP-BRASIL. CATALOGAÇÃO NA PUBLICAÇÃO
SINDICATO NACIONAL DOS EDITORES DE LIVROS, RJ

S691e  Soros, George, 1930-
      Em defesa da sociedade aberta / George Soros; tradução Cássio de Arantes Leite. – 1. ed. – Rio de Janeiro: Intrínseca, 2021.
      192 p. ; 21 cm.

      Tradução de: In Defense of Open Society
      ISBN 978-65-5560-240-1

      1. Soros, George – Visão política e social. 2. Democracia – Aspectos econômicos. 3. Democracia – Aspectos sociais. 4. Liberalismo. 5. Finanças internacionais. I. Leite, Cássio de Arantes. II. Título.

21-70085                           CDD: 332.042
                                   CDU: 339.7

Meri Gleice Rodrigues de Souza - Bibliotecária - CRB-7/6439

[2021]
*Todos os direitos desta edição reservados à*
Editora Intrínseca Ltda.
Rua Marquês de São Vicente, 99/3º andar
22451-041 — Gávea
Rio de Janeiro — RJ
Tel./Fax: (21) 3206-7400
www.intrinseca.com.br

*À Open Society Foundations e a seus beneficiários,
cujas realizações superaram minhas expectativas.*

## NOTA DA EDITORA

Este livro reúne textos publicados no período de 2014 a 2019, formando um painel das principais expectativas econômicas para um futuro próximo. É natural que algumas informações não tenham sido contempladas, como a saída do Reino Unido da União Europeia, a derrota de Donald Trump nas últimas eleições presidenciais dos EUA, a pandemia do coronavírus, que começou no final de 2019 e continua a todo vapor, infelizmente. Nada disso, porém, torna os textos de George Soros datados. Acompanhar sua trajetória e seu pensamento nos traz um pouco de esperança em tempos tão sombrios.

# SUMÁRIO

Introdução .................................................................. 11

CAPÍTULO 1   Os perigos sem precedentes enfrentados pelas sociedades abertas ................................ 19
*"Plataformas de TI e o sistema de crédito social de Xi Jinping"*

CAPÍTULO 2   Minha filantropia política ........................... 45
*"Um egoísta com uma fundação altruísta"*

CAPÍTULO 3   A Universidade Centro-Europeia (CEU) e seu futuro ....... 89
*"Uma universidade leva seus princípios e suas responsabilidades sociais a sério"*

CAPÍTULO 4   A crise financeira mundial e suas consequências ............. 105
*"Um resgate mais bem-feito era possível"*

CAPÍTULO 5   A tragédia da União Europeia ........................ 123
*"Europa, por favor, acorde!"*

CAPÍTULO 6   Minha estrutura conceitual ........................... 151
*"Minha interpretação da reflexividade me permitiu prever a crise financeira e lidar com ela quando ocorreu"*

Referências bibliográficas ........................................ 189

# INTRODUÇÃO

Vivemos um momento revolucionário. Como resultado disso, praticamente tudo é possível e a falibilidade reina, suprema.

Tenho boas experiências com esses momentos. Eles desempenharam importante papel em minha estrutura conceitual, em que faço uma distinção entre condições "longe do equilíbrio" e de "quase equilíbrio". Também influenciaram minha vida e minha fundação.

Tudo começou com a Alemanha nazista ocupando a Hungria em 1944, quando eu ainda nem tinha completado 14 anos. Em certo sentido, começou até antes disso, quando me juntava a meu pai na piscina, após a escola, e ele me regalava com histórias de suas aventuras na Sibéria durante a Revolução Russa de 1917. Se acrescentar as reminiscências paternas às minhas experiências, posso considerar que minha memória remonta a um século.

O ano de 1944 foi formativo. Um incidente em especial me vem à mente. A primeira medida de Adolf Eichmann foi criar o Conselho

Judaico e, por ser menor de idade, trabalhei nele como mensageiro — crianças judias estavam proibidas de ir à escola. Minha primeira incumbência foi entregar notificações mimeografadas para uma lista de advogados com nomes que começavam com "A" e "B", instruindo-os a se apresentar ao Seminário Rabínico com uma muda de roupas e comida para 24 horas. Antes de fazer isso, passei em casa e mostrei as notificações ao meu pai, que também era advogado. Ele me disse para entregá-las de todo modo e avisar aos intimados que, caso obedecessem, seriam deportados. Um dos sujeitos afirmou que sempre fora um cidadão que respeitava a lei e que não lhe podiam fazer mal algum. Quando contei isso a meu pai, ele me explicou que, em tempos anormais, leis normais não vigoram e que as pessoas as obedecem por sua conta e risco. Esse virou nosso mantra e, graças à sua orientação, sobrevivemos todos. Ele também ajudou muitas outras pessoas. Isso fez de 1944 uma experiência positiva para mim.

Quanto à vida da minha Open Society Foundations, os momentos revolucionários sempre foram importantes. Vale mencionar o colapso do sistema soviético na década de 1980, quando, pela primeira vez, a fundação desempenhou papel decisivo, bem como nosso papel na Europa atual, onde tentamos impedir que a União Europeia vá pelo mesmo caminho da União Soviética.

A despeito do preparo intelectual e emocional, não estamos imunes à falibilidade nesses momentos. Podemos reagir aos acontecimentos, mas não prevê-los. Isso quer dizer que não podemos ter uma boa estratégia a menos que chamemos a flexibilidade de estratégia. Eu a chamo de tática e lhe dou meu endosso. Ela nos permite estudar vários cenários e estar preparados para eles. Para encontrar algo consistente, podemos confiar apenas em nossos valores e convicções. É o que estamos fazendo.

Este livro é intitulado *Em defesa da sociedade aberta*, mas, quando criei minha fundação, em 1979, não era para defender a sociedade aberta; era para promovê-la. Nos vinte e cinco anos seguintes, regimes repressivos como o da União Soviética desmoronaram, e sociedades abertas como a União Europeia emergiram. A tendência apenas se tornou negativa após a crise financeira mundial de 2008. O ponto mais baixo foi em 2016, com o Brexit na Europa e a eleição do presidente Trump nos Estados Unidos. Fui um participante ativo desses eventos e tive muito a dizer sobre eles. Agora noto os primeiros sinais de que a maré está virando novamente.

---

Este livro é uma seleção dos meus textos no período de 2014 a 2019. Está dividido em seis capítulos. O primeiro, sobre os perigos sem precedentes enfrentados pelas sociedades abertas atualmente. Como fundador da Open Society Foundations, tenho isso como preocupação primordial no momento. O capítulo contém dois discursos que fiz no Fórum Econômico Mundial, em Davos, em janeiro de 2018 e em 2019. O discurso de 2018 trata dos perigos representados pelas plataformas de mídias digitais. Em 2019, adverti o mundo de uma ameaça ainda maior representada pelos instrumentos de controle que, graças ao aprendizado de máquina e à inteligência artificial, podem cair nas mãos de regimes repressivos. Meu foco foi o regime de Xi Jinping na China, o mais avançado nessas áreas. Achei que devia apresentar os dois discursos separadamente, porque meu pensamento passou por uma mudança radical no período entre um e outro.

Comecei a formular minha estrutura conceitual quando estudava na London School of Economics sob a influência do meu mentor, o filósofo austríaco Karl Popper, e continuei a desenvolvê-la no decorrer da vida. Minha filosofia me orientou tanto a ganhar dinheiro como a empregá-lo para fazer do mundo um lugar melhor, mas ela não diz respeito a dinheiro; refere-se à relação complicada entre o pensamento e a realidade. Decidi deixar a explicação sobre minha filosofia para o último capítulo porque o melhor texto é o artigo no *Journal of Economic*

*Methodology*, de 2014. Era dirigido a um público especializado e, portanto, bastante denso. Receei perder muitos leitores caso os sujeitasse a ele logo de cara. Espero que alguém escreva uma explicação mais acessível ao público geral, pois sou velho demais e muito ocupado para fazer isso eu mesmo. Mas tentei de todo modo torná-lo mais acessível preparando uma versão revisada e resumida para este livro.

Devoto o segundo capítulo ao que chamo de minha *filantropia política*. Escrevi meu primeiro ensaio sobre o assunto em 2012, no qual propus as seguintes questões: como alguém reconhecidamente egoísta e autocentrado poderia criar uma fundação altruísta cuja meta fosse tornar o mundo um lugar melhor? Como podemos buscar essa meta mesmo quando os resultados não nos satisfazem? Respondi às questões com toda a honestidade. Atualizei o ensaio para este livro não só a fim de refletir meus pontos de vista atuais como também porque tanto a situação externa quanto a estrutura e as atividades da minha fundação são bem diferentes hoje do que eram em 2012. Como reflexo da mudança das condições, alguns dos meus pontos de vista também mudaram.

A situação externa se deteriorou enormemente. Como explico no Capítulo 1, um perigo sem precedentes surgiu em anos recentes. O rápido desenvolvimento da inteligência artificial e do aprendizado de máquina produz instrumentos de controle social que proporcionam aos regimes repressivos uma vantagem natural sobre as sociedades abertas. Para as ditaduras, constituem ferramentas úteis; para as sociedades abertas, um perigo mortal. Nossa principal tarefa no momento é encontrar formas de neutralizar essa desvantagem inerente.

Em 2012, minha fundação continuava em expansão, embora a situação externa se deteriorasse. Eu continuava ativo no mercado financeiro, e meu fundo gerava muito dinheiro. Isso nos coloca em uma posição incomum, como que isentos da lei da gravidade. Esses dias chegaram ao fim. Aposentei-me dos mercados, e a repressão financeira tornou bem mais difícil para qualquer gestor de fundo ganhar dinheiro. Ao mesmo tempo, a procura por nossa ajuda aumentou muito, e nossa oferta de financiamento foi incapaz de acompanhá-la. Consequentemente, a gravidade voltou a nos atrair com força excepcional.

Considerando os vários problemas que minha fundação enfrenta, devo mencionar outra questão com a qual eu e ela precisamos lidar: o envelhecimento. É um processo contínuo, então também estava presente em 2012, e eu o discuti de modo extenso em meu ensaio, mas sete anos se passaram desde então. O primeiro presidente da fundação, Aryeh Neier, se aposentou em 2012, e coube à nova liderança, encabeçada por Patrick Gaspard, ex-embaixador norte-americano na África do Sul, reorganizá-la por completo. Eles estão fazendo bastante progresso.

Embora eu esteja com 90 anos, reluto em parar, porque sinto que ainda tenho algo a contribuir e, como fundador, posso ser mais rápido e empreendedor do que o quadro de diretores que vai me suceder. Mas minha energia e resistência já não são mais as mesmas. Tenho delegado muitos deveres a meu filho Alex, que também faz parte da nova liderança.

A mudança positiva mais drástica ocorrida em minha fundação é a crescente importância da Universidade Centro-Europeia (CEU). Eu a criei em 1991, mas mal a menciono no ensaio de 2012. Depois disso, firmou-se como a defensora mais destacada da liberdade acadêmica e foi classificada como uma das cem melhores universidades de ciências sociais do mundo. Temos planos ambiciosos para seu futuro. Considero-a tão importante que lhe dedico um capítulo inteiro (Capítulo 3).

Quando era ativamente envolvido com os mercados financeiros, escrevi bastante sobre o assunto. Ao contrário da teoria do equilíbrio que tem como base a teoria das expectativas racionais predominante, considero os mercados financeiros inerentemente instáveis. Meu primeiro livro, *A alquimia das finanças*, foi publicado em 1987. Desde então, tornou-se leitura obrigatória nas escolas de negócios, mas foi deliberadamente ignorado pelos economistas acadêmicos até a crise de 2008. Para eles, não passava das veleidades de um gestor de *hedge fund* de sucesso que se imaginava filósofo. O juízo foi tão unânime que não pude ignorá-lo. Cheguei a me considerar um filósofo fracassado. Até dei uma palestra intitulada "Um filósofo fracassado tenta outra vez", em 1995.

Tudo mudou após 2008. Os economistas não puderam ignorar seu fracasso em prevê-la. Tive o prazer de escutar o então governador do Banco da Inglaterra, Mervyn King, admitir publicamente que minha teoria dos mercados financeiros merecia atenção. A mudança de atitude entre os economistas acadêmicos foi ainda mais gratificante. Houve o reconhecimento geral de que o paradigma predominante fracassara, bem como a boa vontade em repensar os pressupostos básicos. Isso me levou a patrocinar o Instituto para o Novo Pensamento Econômico (Inet), cuja missão é romper com o monopólio de que as hipóteses do mercado eficiente e a teoria das expectativas racionais desfrutaram nos círculos acadêmicos e oficiais. Convoquei um grupo de economistas distintos, incluindo diversos ganhadores do Prêmio Nobel, e a resposta veio com entusiasmo. Uma diretoria foi formada sob a presidência de Anatole Kaletsky. Meu amigo e antigo colega Rob Johnson se tornou presidente do Inet e constitui uma liderança inspirada. O Inet está prosperando, mas só porque não faço parte de sua diretoria. Percebo um conflito potencial entre ser o fundador e o patrocinador financeiro do Inet e o proponente de uma teoria particular dos deslocamentos de mercado.

Escrevi artigos após a crise econômica. Discordei veementemente do plano do então secretário do Tesouro norte-americano, Hank Paulson, de resgatar os bancos usando um fundo público chamado Programa de Alívio de Ativos Problemáticos (em inglês, Troubled Asset Relief Program — Tarp) para remover os ativos tóxicos de seus balanços patrimoniais. Sustentei que seria muito mais eficaz injetar os 700 bilhões de dólares fornecidos pelo Tarp no balanço dos bancos como patrimônio líquido. Teria ajudado muito no combate contra a crise. Trabalhei próximo à liderança democrática no Congresso para modificar a lei Tarp de modo que permitisse que o dinheiro fosse usado para a recapitalização dos bancos mediante a aquisição de participações societárias. Foi o que o governo britânico fez: estatizou os bancos falidos e terminou por recuperar a maior parte do dinheiro investido.

No entanto, meu amigo Larry Summers, que sucedeu Hank Paulson, rejeitou-a logo de cara porque, segundo ele, estatizar os bancos seria um ato socialista que nunca seria aceito nos Estados Unidos. Eu tinha muitas outras ideias que esperava pôr em prática quando Barack Obama foi eleito, incluindo uma reforma fundamental no sistema hipotecário, mas nenhuma delas foi adotada. Parte do que escrevi sobre o assunto — incluindo um texto de 2018 — constitui o Capítulo 4 deste livro.

A crise de 2008 levou diretamente à crise do euro de 2011. Isso despertou meu interesse pelas deficiências do euro e me levou ao estudo das fraquezas estruturais da União Europeia. Meu interesse continuou a crescer à medida que mais e mais deficiências ficaram aparentes. Meus artigos sobre o assunto compõem o Capítulo 5.

O Capítulo 6, como mencionado, é dedicado ao artigo revisado e resumido do *Journal of Economic Methodology*.

Capítulo I

# OS PERIGOS SEM PRECEDENTES ENFRENTADOS PELAS SOCIEDADES ABERTAS

*"Plataformas de TI e o sistema de crédito social de Xi Jinping"*

## PARTE I

# COMENTÁRIOS APRESENTADOS AO FÓRUM ECONÔMICO MUNDIAL

— *Davos, Suíça, 25 de janeiro de 2018* —

### O MOMENTO HISTÓRICO

Já quase se tornou uma tradição anual em Davos eu fazer um panorama da situação atual do mundo. Dessa vez, quero me concentrar em algumas questões que mais têm ocupado minha mente.

Considero o momento histórico presente um tanto aflitivo. As sociedades abertas estão em crise, e ditaduras e estados mafiosos de vários tipos, a exemplo da Rússia de Vladimir Putin, estão em alta. Nos Estados Unidos, o presidente Donald Trump gostaria de criar um estado mafioso, mas não consegue por causa da Constituição, de outras instituições e de uma vibrante sociedade civil, que não permitem.

Gostemos ou não, minhas fundações, a maioria de nossos beneficiários e eu mesmo travamos uma dura batalha para proteger as conquistas democráticas do passado. As fundações que lidero costumavam manter a atenção nos chamados países em desenvolvimento, mas, agora que a sociedade aberta corre perigo também nos Estados Unidos e na Europa, gastamos mais da metade do nosso orçamento perto de casa, porque o que está acontecendo aqui tem um impacto negativo em todo o mundo.

No entanto, proteger as realizações democráticas do passado não basta. Devemos também salvaguardar os valores da sociedade aberta de modo que suportem melhor futuros ataques. A sociedade aberta sempre terá seus inimigos, e, para sobreviver, cada geração deve reafirmar seu compromisso para com ela.

A melhor defesa é um contra-ataque bem planejado. Os inimigos da sociedade aberta se sentem vitoriosos, e isso os induz a levar suas tentativas de repressão longe demais, gera ressentimento e oferece oportunidades para reagirmos. É o que tem acontecido em países como a Hungria hoje.

## A SOBREVIVÊNCIA DE NOSSA CIVILIZAÇÃO ESTÁ EM JOGO

Eu costumava definir a meta das minhas fundações como sendo "defender as sociedades abertas de seus inimigos, exigindo a prestação de contas dos governos e promovendo o pensamento crítico". Mas a situação se deteriorou. Não só a sobrevivência da sociedade aberta, como também a de toda a nossa civilização está em jogo. A ascensão de líderes como Kim Jong-un, na Coreia do Norte, e Donald Trump, nos Estados Unidos, tem muito a ver com isso. Ambos parecem dispostos a arriscar uma guerra nuclear a fim de se manterem no poder. Mas a raiz do problema é mais profunda.

A capacidade humana para aproveitar as forças da natureza com fins tanto construtivos como destrutivos continua a crescer, enquanto nossa capacidade de autogoverno apropriado enfrenta altos e baixos, estando agora em um desses momentos ruins.

A ameaça de guerra nuclear é tão horrenda que tendemos a ignorá-la, mas ela é real. Na verdade, os Estados Unidos estão no curso de uma guerra nuclear quando se recusam a aceitar que a Coreia do Norte tenha se tornado uma potência nuclear. Isso cria um forte incentivo para que a Coreia do Norte desenvolva sua capacidade nuclear com a maior rapidez possível, o que, por sua vez, pode induzir os Estados Unidos a usar de forma preventiva sua superioridade nuclear — na prática, começar uma guerra nuclear para impedir uma guerra nuclear, estratégia obviamente contraditória.

Vale a pena repetir que a Coreia do Norte se tornou uma potência nuclear, e nenhuma ação militar pode impedir algo que já aconteceu. A única estratégia sensata é aceitar a realidade, por mais desagradável que seja, e admitir o fato de que o país hoje é uma potência nuclear. Isso exige que os Estados Unidos cooperem com todas as partes interessadas, em especial com a China. Beijing detém a maioria das alavancas do poder contra a Coreia do Norte, mas reluta em usá-las. Se a China retaliasse com veemência Pyongyang, o regime desmoronaria, e a China seria inundada por refugiados norte-coreanos. Beijing também reluta em fazer qualquer favor aos Estados Unidos, à Coreia do Sul ou ao Japão — reservando a cada um deles uma variedade de ressentimentos. A cooperação exigirá negociações extensas, mas, uma vez alcançadas, as alianças seriam capazes de confrontar a Coreia do Norte com uma vara e uma cenoura. A vara seria usada para forçar o país a participar com boa-fé das negociações. A cenoura seria para recompensá-la por suspender o desenvolvimento de armas nucleares e permitir a verificação disso. Quanto antes chegar a um acordo para cessar toda a hostilidade, mais bem-sucedida será a política. O sucesso pode ser medido pela quantidade de tempo que levaria a Coreia do Norte a tornar seu arsenal nuclear plenamente operacional. Quero chamar sua atenção para dois relatórios seminais publicados recentemente pelo Crisis Group sobre a perspectiva da guerra nuclear na Coreia do Norte.

Outra grande ameaça à sobrevivência da nossa civilização é a mudança climática, que também é uma causa cada vez maior de migrações forçadas. Já explorei bastante os problemas da migração, mas devo enfatizar em que medida esses problemas são graves e intratáveis. Não pretendo entrar em detalhes sobre a mudança climática, pois o que precisa ser feito é de conhecimento geral. Já temos o saber científico; o que falta é vontade política, em especial do governo Trump.

Considero o governo Trump um perigo óbvio para o mundo, mas o vejo como um fenômeno puramente temporário. Dou crédito ao presidente por motivar brilhantemente seus núcleos partidários. No entanto, para cada núcleo partidário, ele criou um número ainda maior de núcleos adversários fortalecidos na mesma medida.

Minha meta pessoal nos Estados Unidos é ajudar a restabelecer um sistema de dois partidos que funcione. Para isso, será necessário não só uma vitória democrata mas também um Partido Democrata que busque o redistritamento apartidário, a nomeação de juízes bem qualificados, um censo conduzido de forma adequada e outras medidas que um sistema bipartidário funcional exige.

## OS PERIGOS REPRESENTADOS PELOS GIGANTES DAS MÍDIAS SOCIAIS

Pretendo usar a maior parte do tempo restante para falar sobre outro problema global: o crescimento e o comportamento monopolista das empresas gigantes de plataformas de TI. Muitas vezes, essas empresas desempenharam um papel inovador e liberador. Contudo, conforme Facebook e Google se transformaram em monopólios cada vez mais poderosos, tornaram-se obstáculos à inovação e causaram uma variedade de problemas, que só agora começamos a perceber.

Empresas lucram explorando seu ambiente. Mineradoras e petrolíferas exploram o ambiente físico; empresas de mídias sociais exploram o ambiente social. Isso é nefasto, pois as empresas de mídias sociais influenciam o modo como as pessoas pensam e agem sem que estas percebam. Isso tem consequências amplamente adversas para o funcionamento da democracia, mais ainda para a integridade das eleições.

As características distintivas dessas empresas são o fato de serem redes e desfrutarem de retornos marginais crescentes, o que explica seu crescimento fenomenal. O efeito de rede é, de fato, sem precedentes e transformador, além de insustentável. O Facebook levou oito anos e meio para atingir um bilhão de usuários e metade desse tempo para chegar ao segundo bilhão. Nesse ritmo, em menos de três anos, todos no mundo teriam um perfil nessa rede social.

Facebook e Google controlam mais da metade de toda a receita de publicidade da internet. Para manter sua dominação, precisam expandir suas redes e aumentar sua parcela de atenção dos usuários. Atualmente, fazem isso proporcionando-lhes uma plataforma conveniente. Quanto mais tempo gastam nela, mais valiosos os usuários se tornam para as empresas.

Os provedores de conteúdo também contribuem para a lucratividade das empresas de mídias sociais, porque não conseguem evitar usá-las e têm de aceitar sejam lá quais forem os termos oferecidos.

A lucratividade excepcional dessas empresas é possível porque elas evitam ser responsabilizadas — e evitam pagar — pelo conteúdo de suas plataformas.

Alegam que estão apenas distribuindo informação. O fato de praticamente monopolizarem tal distribuição, porém, faz delas um serviço público e, portanto, torna-as sujeitas a regulamentações mais severas, voltadas a preservar a competição, a inovação e o acesso universal justos e disponíveis.

O modelo de negócios das empresas de mídias sociais é baseado na publicidade. Seus verdadeiros clientes são os anunciantes. No entanto, pouco a pouco, um novo modelo está emergindo, baseado não apenas em publicidade, mas também na venda de produtos e serviços diretamente aos usuários. Elas exploram os dados que controlam, oferecem pacotes de serviços e usam discriminação de preços para ficar com a maior parte dos benefícios que, de outro modo, teriam de dividir com os consumidores. Isso aumenta ainda mais sua lucratividade — mas os pacotes de serviços e a discriminação de preços solapam a eficiência da economia de mercado.

As empresas de mídias sociais enganam seus usuários manipulando sua atenção e direcionando-a a seus próprios propósitos comerciais. Elas os viciam deliberadamente nos serviços que fornecem. Isso pode ser muito nocivo, ainda mais entre adolescentes. Há uma semelhança entre as plataformas de internet e as casas de jogos de azar. Os cassinos desenvolveram técnicas para viciar jogadores a ponto de eles apostarem todo o seu dinheiro — até o que não têm.

Algo muito pernicioso e talvez irreversível vem acontecendo com a atenção humana nessa era digital. Não se trata apenas de distração ou vício. As empresas de mídias sociais estão induzindo o usuário a abrir mão de sua autonomia. O poder de moldar a atenção das pessoas cada vez mais se concentra nas mãos de umas poucas empresas. É preciso fazer um esforço para divulgar e defender o que John Stuart Mill chamou de "liberdade do pensamento". É possível que, uma vez perdida essa liberdade, as pessoas que cresceram na era digital tenham dificuldade em recuperá-la. Isso pode ter consequências políticas de longo alcance. Indivíduos sem liberdade de pensamento podem ser manipulados com facilidade. Essa ameaça não diz respeito apenas ao futuro — já desempenhou papel importante nas eleições presidenciais norte-americanas de 2016.

Contudo, existe uma perspectiva ainda mais alarmante no horizonte. Poderia ocorrer uma aliança entre estados autoritários e esses imensos monopólios tecnológicos ricos em dados, que fundiriam os sistemas incipientes de vigilância corporativa a um já desenvolvido sistema de vigilância patrocinado pelo estado. Isso pode resultar em uma rede de controle totalitário de um modo que nem George Orwell teria imaginado.

Os países em que tais alianças profanas tendem a ocorrer primeiro são Rússia e China. As empresas de tecnologia chinesas são absolutamente idênticas às norte-americanas. Elas também desfrutam do pleno apoio e da proteção do regime de Xi Jinping. O governo chinês é forte o bastante para proteger seus campeões nacionais, pelo menos dentro de suas fronteiras.

Os monopólios de TI radicados nos Estados Unidos já estão tentados a fazer concessões para ganhar entrada nesses vastos mercados em rápido crescimento. Os líderes ditatoriais nesses países podem de muito bom grado colaborar com eles, pois esperam aperfeiçoar seus métodos de controle sobre a própria população e expandir seu poder e influência nos Estados Unidos e no restante do mundo.

Os donos das gigantes da internet se consideram os senhores do universo, mas na verdade são escravos tentando preservar sua posição dominante. É apenas questão de tempo para a dominação global dos monopólios de TI norte-americanos ser quebrada. Davos é um bom lugar para anunciar que seus dias estão contados. A regulação e a taxação serão sua ruína, e o comissário europeu para a concorrência, Margrethe Vestager, será sua nêmesis.

Existe ainda a admissão crescente de uma conexão entre a dominação dos monopólios de plataforma e o nível cada vez maior da desigualdade. A concentração da propriedade nas mãos de alguns poucos indivíduos privados desempenha um papel, mas a posição peculiar ocupada pelos gigantes da TI é ainda mais importante. Elas conquistaram o monopólio, mas, ao mesmo tempo, competem entre si. São grandes o bastante para engolir startups que um dia possam competir com elas, mas só as gigantes dispõem de recursos para invadir a seara alheia. Estão preparadas para dominar novas áreas de crescimento abertas pela inteligência artificial, como os carros autônomos.

O impacto das inovações sobre o desemprego depende das políticas governamentais. A União Europeia e os países nórdicos enxergam bem mais longe quando se trata de suas políticas sociais do que os Estados Unidos. Eles protegem o trabalhador, e não o emprego. Eles se dispõem a gastar dinheiro para reciclar ou aposentar trabalhadores sem colocação no mercado. Isso proporciona aos trabalhadores nórdicos uma sensação maior de segurança e apoio às inovações tecnológicas do que entre os norte-americanos.

Os monopólios da internet não têm a vontade nem a tendência de proteger a sociedade contra os efeitos de suas ações. Isso faz deles uma ameaça e cabe às autoridades reguladoras proteger a sociedade deles. Nos Estados Unidos, os legisladores não têm força suficiente para se opor à influência política dos monopólios de internet. A União Europeia está em melhor situação, porque não tem gigantes de tecnologia.

A União Europeia e os Estados Unidos usam diferentes definições para o poder de monopólio. A lei norte-americana foca principalmente monopólios criados por aquisições, enquanto a lei europeia proíbe o abuso do poder de monopólio a despeito de como seja conquistado. A Europa tem leis de proteção à privacidade e aos dados muito mais fortes do que os norte-americanos. Além do mais, a lei norte-americana adota uma estranha doutrina proposta inicialmente pelo juiz Robert Bork, da Suprema Corte: ela mede o dano como um aumento no preço pago por clientes pelos serviços prestados — e isso é quase impossível de provar quando a maioria dos serviços é fornecida de graça. Desse modo, os valiosos dados que as empresas de plataforma coletam de seus usuários não são levados em consideração.

O comissário Margrethe Vestager é o campeão da abordagem europeia. Levou sete anos para a União Europeia reunir evidências contra o Google, mas, como resultado de seu sucesso, o processo caminha de forma bem acelerada. Graças ao seu proselitismo, a abordagem europeia começou a afetar as atitudes também nos Estados Unidos.

## A ASCENSÃO DO NACIONALISMO

Mencionei parte dos problemas mais urgentes e importantes enfrentados hoje. Concluindo, permitam-me observar que vivemos um período revolucionário. Todas as nossas instituições estão em um estado de fluxo e, nessas circunstâncias, tanto a falibilidade como a reflexividade operam a pleno vapor.

Conheci condições similares em minha vida — a última vez foi há uns trinta anos. Foi nessa época que montei minha rede de fundações no antigo império soviético. A principal diferença entre os dois períodos é que, há trinta anos, o credo dominante eram a governança e a cooperação internacional. A União Europeia era a potência em ascensão, e a União Soviética estava em declínio. Hoje, porém, a força motivadora é o nacionalismo. A Rússia ressurge, e a União Europeia corre o risco de abandonar seus valores.

Como devem lembrar, a experiência anterior não terminou bem para a União Soviética. O império soviético desmoronou, e a Rússia se tornou um estado mafioso que adotou uma ideologia nacionalista. Minhas fundações se saíram muito bem: os estados mais avançados do império soviético entraram para a União Europeia.

Nosso objetivo atual é ajudar a salvar a União Europeia para reinventá-la radicalmente. A União Europeia tinha o apoio entusiasmado das pessoas de minha geração, mas isso mudou após a crise financeira de 2008. Ela se desencaminhou porque era governada por tratados ultrapassados e uma crença equivocada em políticas de austeridade. O que fora uma associação voluntária de estados igualitários se converteu em uma relação entre credores e devedores, em que estes eram incapazes de cumprir suas obrigações, e aqueles determinavam as condições a serem cumpridas. Essa associação nunca foi voluntária nem igualitária.

Como consequência, grande proporção da atual geração não enxerga a União Europeia como aliada. Um importante país, o Reino Unido, deixou a União Europeia, e pelo menos outros dois, Polônia e Hungria, são conduzidos por governos que se opõem obstinadamente aos valores nos quais a União Europeia se baseia. Eles estão em agudo conflito com várias instituições europeias, que tentam discipliná-los. Em diversos outros países há partidos anti-União Europeia em ascensão. Na Áustria, por exemplo, um partido anti-União Europeia está na coalizão governante.

Como impedir a União Europeia de abandonar seus valores? Precisamos reformá-la em todos os níveis: a União Europeia em si, os estados-membros e o eleitorado. Vivemos um período revolucionário; tudo está sujeito a mudança. As decisões tomadas hoje determinarão a forma do futuro.

No nível da União, a principal questão é: o que fazer a respeito do euro? Todo estado-membro deve ser obrigado a adotá-lo ou a presente situação poderá prosseguir indefinidamente? O Tratado de Maastricht prescreve a primeira alternativa, mas o euro desenvolveu alguns defeitos que o tratado não previa, e uma resolução ainda é aguardada.

Devemos permitir que os problemas do euro ponham em risco o futuro da União Europeia? Tenho fortes argumentos contrários. O fato é que os países que não se qualificam estão ansiosos para entrar, mas os qualificados decidiram contra isso, com exceção da Bulgária. Além do mais, gostaria de ver o Reino Unido permanecer na União Europeia ou acabar voltando para ela, e isso não aconteceria caso significasse a adoção do euro.

As opções da União Europeia poderiam ser mais bem formuladas como uma escolha entre a abordagem multivelocidade e multicanal.

Em uma abordagem multivelocidade, os estados-membros têm de concordar de antemão com o resultado último; em uma abordagem multicanal, são livres para formar coalizões entre os dispostos a perseguir metas particulares com as quais concordam. Essa segunda abordagem é mais flexível, mas a burocracia europeia favoreceu o primeiro tipo. Isso contribui muito para a rigidez estrutural da União Europeia.

Quanto aos estados-membros, seus partidos políticos são muito antiquados. A velha distinção entre esquerda e direita está ofuscada pela postura favorável ou anti-União Europeia. Em cada país isso se manifesta de uma forma.

Na Alemanha, o arranjo siamês entre a União Democrata Cristã (CDU) e a União Social Cristã (CSU) ficou insustentável com os resultados das eleições recentes. Há outro partido, a Alternativa para a Alemanha (AfD), que fica mais à direita do que a CSU na Baváaria, forçando a CSU a se posicionar mais à direita, de modo que o abismo entre CSU e CDU se tornou ainda maior. Isso deixou o sistema partidário alemão amplamente disfuncional até o rompimento entre CDU e CSU.

No Reino Unido, os conservadores são o partido da direita, e os trabalhistas, da esquerda, mas ambos tinham uma divisão interna em relação ao Brexit. Isso complicava imensamente as negociações do Brexit e tornava extremamente difícil para o Reino Unido decidir e modificar sua posição em relação à Europa.

Podemos esperar que outros países europeus passem por realinhamento similar, com exceção da França, que já viveu sua revolução interna.

No nível do eleitorado, a iniciativa vinda de cima para baixo, criada por um pequeno grupo de visionários liderados por Jean Monnet, avançou bem com o processo de integração, mas não manteve o ritmo. Era necessário aliar uma abordagem tomada pelas autoridades europeias a iniciativas que surgissem de "baixo para cima", empreendidas pelo eleitorado engajado — felizmente, há muitas delas. Ainda veremos as reações das autoridades a elas. Até o momento, o presidente Emmanuel

Macron se mostrou muito receptivo. Sua campanha para a presidência francesa se baseou em uma plataforma pró-União Europeia.

Embora eu tenha analisado a Europa com mais detalhes, o que se passa na Ásia é, em última instância, muito mais importante da perspectiva histórica. A China é a potência em ascensão. Muitos defensores apaixonados da sociedade aberta na China foram enviados para reeducação em áreas rurais durante a Revolução Maoista. Os sobreviventes voltaram para ocupar posições de poder no governo. Assim, a futura direção do país já não é algo em aberto, como costumava ser.

Os defensores da sociedade aberta chegaram à idade de aposentadoria, e Xi Jinping, que tem mais em comum com Putin do que com o assim chamado Ocidente, começou a estabelecer um novo sistema de patrocínio partidário. Receio que as perspectivas para os próximos vinte anos sejam um tanto desoladoras. Mesmo assim, é importante encaixar a China nas instituições de governança global. Talvez ajude a evitar uma guerra mundial que destruiria toda a nossa civilização.

Isso nos deixa com os campos de batalha locais na África, no Oriente Médio e na Ásia Central. Minhas fundações estão ativamente envolvidas em cada um deles. Damos um foco particular à África, onde candidatos a ditadores no Quênia, no Zimbábue e na República Democrática do Congo perpetraram fraude eleitoral em uma escala sem precedentes, e os cidadãos literalmente arriscam a vida ao resistir a um governo ditatorial. Nosso objetivo é empoderar as populações locais para lidar com seus problemas, auxiliar os desfavorecidos e reduzir o máximo possível de sofrimento humano. Ainda haverá muito a ser feito, mas não estarei aqui para ver isso acontecer.

PARTE 2

## COMENTÁRIOS FEITOS NO FÓRUM ECONÔMICO MUNDIAL

— *Davos, Suíça, 24 de janeiro de 2019* —

### O PERIGO DA CHINA DE XI JINPING PARA AS SOCIEDADES ABERTAS

Quero usar meu tempo esta noite para alertar o mundo sobre um perigo sem precedentes que ameaça a sobrevivência das sociedades abertas.

Em 2018, discursei sobre o papel nefasto desempenhado pelas gigantes das mídias sociais. Esta noite, quero chamar a atenção para o perigo mortal que as sociedades abertas enfrentam, representado pelos instrumentos de controle que o aprendizado de máquina e a inteligência artificial podem pôr nas mãos dos regimes repressivos. Focarei na China, onde Xi Jinping quer estabelecer um estado de partido único para reinar supremo.

Vários fatos novos surgiram e aprendi muito sobre a forma que o controle autoritário está assumindo na China. A quantidade cada vez maior de informações disponíveis sobre os indivíduos vem sendo consolidada em um banco de dados centralizado para criar um "sistema de crédito social". Com base nesses dados, as pessoas serão avaliadas por algoritmos que determinarão se representam uma ameaça ao estado de partido único. As pessoas serão tratadas de acordo com isso.

O sistema de crédito social ainda não está completamente operacional, mas é óbvio para onde se encaminha. Subordinará o destino do indivíduo aos interesses do estado de partido único de um modo sem precedentes na história.

Para mim, esse sistema é assustador e abominável. Infelizmente, alguns chineses o consideram até atraente, por oferecer informação e serviços que não estão atualmente disponíveis, além de proteger os cidadãos respeitadores da lei contra os inimigos do estado.

A China não é o único regime autoritário no mundo, mas é sem dúvida o país mais rico, forte e desenvolvido deles quando o assunto é aprendizado de máquina e inteligência artificial. Para quem acredita no conceito de sociedade aberta, isso torna Xi Jinping o adversário mais perigoso, e ele não está sozinho. Regimes autoritários proliferam no mundo todo e, se bem-sucedidos, passarão a totalitários.

Como fundador da Open Society Foundations, devotei minha vida a combater as ideologias totalitárias e extremistas que afirmam falsamente que os fins justificam os meios. Acredito que o desejo de liberdade das pessoas não pode ser reprimido para sempre. No entanto, reconheço também que as sociedades abertas estão profundamente ameaçadas no momento.

Considero perturbador que instrumentos de controle desenvolvidos pela inteligência artificial proporcionem uma vantagem inerente a regimes autoritários sobre as sociedades abertas. Para eles, esses instrumentos constituem uma ferramenta útil; para as sociedades abertas, uma ameaça mortal.

Uso "sociedade aberta" para me referir a uma sociedade em que prevalece o estado de direito, ao contrário do estado governado por um único indivíduo, com o estado tendo o papel de proteger os direitos humanos e a liberdade individual. A meu ver, uma sociedade aberta deveria dar especial atenção aos que sofrem discriminação ou exclusão social, bem como aos que não possuem meios para se defender.

Por outro lado, regimes autoritários usam quaisquer instrumentos de controle que detenham para se manter no poder à custa dos que exploram e reprimem.

Como proteger as sociedades abertas se as novas tecnologias dão vantagem aos regimes autoritários? Essa é a questão que me preocupa. E deveria preocupar a todos que gostariam de viver em uma sociedade aberta.

Elas precisam regular as empresas produtoras dos instrumentos de controle, enquanto os regimes autoritários podem declará-los seus "campeões nacionais". É isso que possibilita a algumas estatais chinesas alcançar e até ultrapassar as gigantes multinacionais.

Obviamente, essa não é a única preocupação atual. Por exemplo, a mudança climática provocada pelo homem ameaça nossa própria sobrevivência. No entanto, a desvantagem estrutural que as sociedades abertas enfrentam é um problema que me preocupa, e gostaria de compartilhar com vocês minhas ideias sobre como lidar com isso.

Minha profunda preocupação com a questão deriva da minha história pessoal. Nasci na Hungria em 1930 e sou judeu. Eu tinha 13 anos quando os nazistas ocuparam o país e começaram a deportar judeus para os campos de extermínio.

Tive muita sorte porque meu pai compreendeu a natureza do regime nazista e arranjou documentos de identidade falsos e esconderijos para todos os membros da família e também para vários outros judeus. A maioria sobreviveu.

O ano de 1944 foi a experiência formativa em minha vida. Aprendi, em tenra idade, a importância do tipo de regime político prevalecente. Quando o regime nazista foi substituído pela ocupação soviética, deixei a Hungria assim que pude e busquei refúgio na Inglaterra.

Na London School of Economics, desenvolvi minha estrutura conceitual sob a influência do meu mentor, Karl Popper. Essa estrutura se revelou inesperadamente útil quando consegui um emprego no mercado financeiro. A estrutura nada tem a ver com finanças, mas está baseada no pensamento crítico. Isso me permitiu analisar as deficiências das teorias predominantes que orientam os investidores institucionais. Tornei-me um bem-sucedido gestor de *hedge fund* e me orgulhava de ser o crítico mais bem pago do mundo.

Gestar um *hedge fund* foi muito estressante. Depois de obter mais dinheiro do que precisava para mim ou minha família, passei por uma espécie de crise de meia-idade. Qual é o sentido de me matar para ganhar ainda mais dinheiro? Refleti sobre as coisas que realmente eram importantes para mim e, em 1979, criei o Open Society Fund. Defini as metas do fundo da seguinte forma: ajudar a abrir sociedades fechadas, reduzir deficiências das sociedades abertas e promover o pensamento crítico.

Minhas primeiras tentativas foram direcionados a enfraquecer o sistema do apartheid na África do Sul. Depois, meus esforços se voltaram para a abertura do sistema soviético. Associei-me à Academia de Ciências Húngara, então sob controle comunista, mas seus representantes se solidarizaram secretamente com meus esforços. Esse arranjo triunfou para além dos meus sonhos mais loucos. Viciei-me no que gosto de chamar de "filantropia política". Isso foi em 1984.

Nos anos que se seguiram, tentei reproduzir o sucesso que tive na Hungria e em outros países comunistas. Até que me saí bem no império soviético, incluindo a própria União Soviética, mas na China a história foi diferente.

Minha primeira tentativa lá pareceu promissora. Envolveu uma troca de visitas entre economistas húngaros muito admirados no mundo comunista e a equipe de um *think tank* chinês recém-fundado, ansioso para aprender com os húngaros.

Com base nesse sucesso inicial, propus a Chen Yizi, líder do *think tank*, reproduzir o modelo húngaro na China. Chen obteve o apoio do premiê Zhao Ziyang e de seu secretário de políticas públicas reformista, Bao Tong. Uma *joint venture* chamada China Fund foi inaugurada em outubro de 1986. Nunca houve uma instituição como essa na China. Teoricamente, gozava de completa autonomia.

Bao Tong era seu divulgador. No entanto, os opositores das reformas radicais — que eram muitos — se juntaram para atacá-lo. Alegaram que Tong era um agente da CIA e solicitaram uma investigação à agência de segurança interna. Para se proteger, Zhao Ziyang substituiu Chen Yizi por um funcionário do alto escalão na polícia de segurança externa. As duas organizações se equivaliam, e uma não podia interferir nos assuntos da outra.

Aprovei essa mudança porque fiquei irritado com Chen Yizi por conceder muitas bolsas aos membros de seu próprio instituto; e não me dava conta das rixas políticas que ocorriam nos bastidores. Os candidatos a uma subvenção do China Fund, porém, logo notaram que a organização ficara sob o controle da polícia política e começaram a se distanciar. Ninguém teve coragem de me explicar o motivo.

Por fim, recebi a visita de um beneficiário chinês em Nova York, e ele me contou a respeito, se colocando em considerável risco. Pouco depois, Zhao Ziyang foi removido do poder, e usei isso como pretexto para fechar a fundação. Isso se deu pouco antes do massacre na praça Tiananmen, em 1989, e "manchou" o histórico das pessoas associadas à fundação. Elas fizeram um esforço enorme para limpar seus nomes — por fim conseguiram.

Em retrospecto, está claro que cometi um equívoco em tentar estabelecer uma fundação que operasse de modo desconhecido ao povo chinês. Na época, a concessão de verbas criava a sensação de obrigação mútua entre o doador e o receptor, e os forçava a permanecer eternamente leais um ao outro.

## O QUE ACONTECEU DESDE 2018

Basta de história. Permitam-me voltar aos acontecimentos do ano de 2018; alguns me pegaram de surpresa.

Nas primeiras vezes que visitei a China, conheci muita gente em posições de poder que acreditavam apaixonadamente nos princípios da sociedade aberta. Na juventude, haviam sido deportados para a zona rural para reeducação, muitas vezes sofrendo tribulações bem piores que as minhas na Hungria, mas sobreviveram, e tínhamos muito em comum. Havíamos todos ficado do lado mais fraco da corda contra uma ditadura.

Eles ansiavam por conhecer o pensamento de Karl Popper sobre a sociedade aberta. Embora julgassem o conceito atraente, a interpretação que fizeram era um pouco diferente da minha. Eles estavam familiarizados com a tradição confuciana, mas não havia tradição eleitoral na China. O modo de pensar continuava hierárquico e carregava um respeito inerente pelos altos funcionários. Eu, no entanto, era mais igualitário e queria que todos votassem.

Então, não me surpreendi quando Xi Jinping enfrentou séria oposição interna, mas fiquei surpreso com a forma como se deu. Na convocação de líderes no resort com vista para o mar de Beidaihe, no último verão, Xi Jinping aparentemente foi obrigado a baixar um pouco a bola. Embora não houvesse comunicado oficial, corria um rumor de que a convocação desaprovava a abolição do limite de dois mandatos e o culto da personalidade construído por Xi em torno de sua pessoa.

É importante perceber que tais críticas foram apenas uma advertência a Xi sobre seus excessos, sem reverter a suspensão do limite de dois mandatos. Além disso, *The Thought of Xi Jinping*, que ele promoveu como sua destilação da teoria comunista, foi elevado ao mesmo nível de *Thought of Chairman Mao*. Assim, Xi continua como líder supremo, possivelmente enquanto viver. O desfecho final da atual rivalidade política permanece em aberto.

Tenho me concentrado na China, mas as sociedades abertas têm muitos outros inimigos, a Rússia de Putin sendo o maior deles. E o cenário mais perigoso é quando esses inimigos conspiram e aprendem uns com os outros sobre como melhor oprimir seu povo.

A questão se apresenta de forma natural: o que podemos fazer para detê-los?

O primeiro passo é admitir o perigo. Por isso me manifesto aqui esta noite. Mas eis a parte difícil. Aqueles de nós que quisermos preservar a sociedade aberta devemos trabalhar juntos e formar uma aliança efetiva. Temos uma tarefa que não pode ser deixada para os governos.

A história mostra que até governos desejosos de proteger a liberdade individual dão precedência à liberdade de seus cidadãos sobre o indivíduo como princípio geral, e eles têm muitos outros interesses.

Minha fundação se dedica a proteger os direitos humanos, especialmente quando o governo não os defende. Quando começamos, há quatro décadas, muitos governos apoiavam nossos esforços, mas seu número tem diminuído. Os Estados Unidos e a Europa eram nossos aliados mais poderosos, mas agora estão preocupados com os próprios problemas.

Logo, quero me concentrar no que considero ser a pergunta mais importante para as sociedades abertas: o que acontecerá na China?

A questão só pode ser respondida pelo povo chinês. O que podemos fazer é traçar uma distinção clara entre o povo e Xi Jinping. Desde que Xi declarou sua hostilidade à sociedade aberta, o povo chinês se estabeleceu como nossa maior esperança.

E há motivo para tanto. Como alguns especialistas na China me explicaram, existe uma tradição confuciana segundo a qual é esperado que os assessores do imperador se manifestem caso discordem de alguma medida ou decreto mesmo quando é possível que isso resulte em exílio ou execução.

Isso me veio como um grande alívio quando eu beirava o desespero. Os defensores convictos da sociedade aberta na China — todos mais ou menos da minha idade — em sua maioria se aposentaram, e seus lugares foram ocupados por gente mais jovem que depende de Xi Jinping para se promover. No entanto, uma nova elite política está disposta a preservar a tradição confuciana. Isso significa que Xi continuará a enfrentar oposição política interna.

Xi apresenta a China como um exemplo a ser seguido por outros países, mas enfrenta críticas não só internas quanto estrangeiras. Sua Iniciativa do Cinturão e Rota, considerada uma nova Rota da Seda chinesa, está em operação há tempo suficiente para revelar falhas.

Foi planejada para promover os interesses da China, e não dos países por onde passa. Seus ambiciosos projetos de infraestrutura foram financiados, na maior parte, com empréstimos, não verba pública, e muitas vezes representantes estrangeiros eram subornados para dar seu aval. Muitos projetos se mostraram economicamente inviáveis.

O caso icônico fica em Sri Lanka. A China construiu e financiou um porto em Sri Lanka que serve a seus interesses estratégicos. Como o tráfego comercial não foi suficiente para o país quitar a dívida, a China tomou posse do porto. Há diversos casos similares por toda parte, e eles vêm causando ressentimento generalizado.

A Malásia puxa o coro dos descontentes. O governo chefiado por Najib Razak se abriu para a China, mas, em maio de 2018, Razak perdeu a eleição para uma coalizão liderada por Mahathir bin Mohamad. Mahathir interrompeu de imediato diversos grandes projetos de infraestrutura e hoje negocia com a China a exata compensação que seu país ainda tem de pagar.

A situação não está tão bem definida no Paquistão, país no qual os chineses mais têm investido. O exército paquistanês é completamente devedor da China, mas a posição de Imran Khan, que se tornou primeiro-ministro em agosto de 2018, é ambivalente. No início de 2018, a China e o Paquistão anunciaram planos grandiosos de cooperação militar. No fim do ano, o Paquistão enfrentava profunda crise financeira, mas uma coisa ficou evidente: a China pretende usar a Iniciativa do Cinturão e Rota também para fins militares.

Todos esses reveses forçaram Xi Jinping a modificar sua postura em relação à Iniciativa. Em setembro de 2018, ele anunciou que projetos "grandiosos" serão evitados em favor de iniciativas mais bem concebidas. Em outubro do mesmo ano, o *People's Daily*, jornal oficial do Partido Comunista chinês, advertiu que os projetos deveriam servir aos interesses dos países por onde passassem.

Os clientes se precaveram e vários deles, de Serra Leoa ao Equador, estão questionando ou renegociando os projetos.

O mais importante, porém, é que o governo norte-americano identificou a China como um "rival estratégico". O presidente Trump é notoriamente imprevisível, mas essa decisão resultou de um cuidadoso planejamento. Desde então, o comportamento idiossincrático de Trump diminuiu e entraram em cena as políticas chinesas adotadas pelas agências do governo norte-americano e supervisionadas pelo assessor de assuntos asiáticos do Conselho de Segurança Nacional, Matt Pottinger, e outros. As políticas foram delineadas em um discurso seminal feito pelo vice-presidente Mike Pence em 4 de outubro de 2018.

Mesmo assim, chamar a China de rival estratégico é simplista demais. A China é um importante ator global. Uma política efetiva em relação a esse país não pode ser reduzida a um slogan. Precisa ser muito mais sofisticada, detalhada e prática, e deve incluir uma resposta econômica norte-americana à Iniciativa do Cinturão e Rota. O plano de Pottinger não deixa óbvio se tem por objetivo final o equilíbrio do jogo ou a separação completa da China.

Xi Jinping compreendeu a ameaça que essa nova política norte-americana representava para sua liderança. Ele apostou em um encontro pessoal com Trump na reunião do G20 em Buenos Aires. Enquanto isso, o perigo de guerra comercial global aumentou, e o mercado financeiro realizou uma séria liquidação em dezembro de 2018. Isso criou problemas para Trump, que concentrara todos os seus esforços nas eleições de meio de mandato de 2018. Quando se encontraram, ambos os lados ansiavam por um acordo. Não é surpresa alguma que tenham chegado a um, ainda que inconclusivo: uma trégua de noventa dias.

Nesse meio-tempo, houve fortes indicações de que um declínio econômico está em curso na China, afetando também o restante do mundo. Uma desaceleração global é a última coisa de que o mercado precisa.

O contrato social tácito na China está assentado sobre um padrão de vida em crescimento constante. Se o declínio da economia e do mercado de ações chineses forem graves o bastante, esse contrato social pode ser minado, e é possível que até a comunidade de negócios se volte contra Xi Jinping. Tal declínio também poderia levar ao fim da Iniciativa do Cinturão e Rota, já que o presidente chinês ficaria sem recursos para manter o financiamento de investimentos que dão prejuízo.

Na questão da governança global da internet, uma batalha não declarada entre o Ocidente e a China está em curso. A China quer ditar as regras e os procedimentos que governam a economia digital dominando o mundo em desenvolvimento com suas novas plataformas e tecnologias. Isso representa uma ameaça à liberdade da internet e, indiretamente, à sociedade aberta em si.

No ano passado, eu ainda acreditava que a China estaria mais integrada às instituições de governança mundial, mas o comportamento de Xi Jinping me fez mudar de opinião. Hoje penso que, em vez de travar uma guerra comercial contra praticamente todo o mundo, os Estados Unidos deveriam se concentrar na China. Em vez de permitir que a ZTE e a Huawei se safem facilmente, medidas rígidas devem ser adotadas contra elas. Se essas empresas viessem a dominar o mercado do 5G, seriam um risco inaceitável à segurança para o restante do mundo. No entanto, a China de Xi Jinping tem um calcanhar de aquiles: sua dependência de fornecedores estrangeiros, em boa parte controlados pelos Estados Unidos, para os avançados chips e a tecnologia que Huawei e ZTE utilizam. Se o fornecimento fosse interrompido, ambas quebrariam. Incluir a Huawei em uma lista de empresas não confiáveis foi um passo na direção certa, mas o presidente Trump está mais interessado no que lhe concerne pessoalmente do que nos problemas nacionais. Ele limpou a barra da ZTE e negociou com a Huawei para impedir uma liquidação no mercado financeiro que seria capaz de prejudicar suas chances de ser reeleito em 2020.

Para concluir, permitam-me resumir a mensagem que quero transmitir esta noite. Meu ponto central é a combinação de regimes repressivos com monopólios de TI que os dotam de uma vantagem inerente em relação às sociedades abertas. Os instrumentos de controle são ferramentas úteis nas mãos de regimes autoritários, mas constituem uma ameaça mortal às sociedades abertas.

A China não é o único regime autoritário no mundo, mas é o mais rico, mais forte e tecnologicamente mais avançado. Isso faz de Xi Jinping o adversário mais perigoso das sociedades abertas. Por isso é tão importante diferenciar as políticas de Xi das aspirações do povo chinês. O sistema de crédito social, caso se tornasse operacional, daria a Xi pleno controle sobre o povo. Como Xi é o inimigo mais perigoso da sociedade aberta, devemos depositar nossas esperanças no povo chinês e, especialmente, na comunidade de negócios e na elite política disposta a manter a tradição confuciana.

Isso não significa que os que acreditam na sociedade aberta devam permanecer passivos. A verdade é que estamos em uma guerra fria que ameaça ficar quente. Entretanto, se Xi e Trump não estivessem mais no poder, uma oportunidade se apresentaria para o desenvolvimento de uma cooperação maior entre as duas cibersuperpotências.

É possível sonhar com algo similar ao Tratado das Nações Unidas surgido durante a Segunda Guerra Mundial. Seria um fim apropriado ao atual ciclo de conflito entre os Estados Unidos e a China. Restabeleceria a cooperação internacional e permitiria às sociedades abertas florescer. Minha mensagem se resume a isso.

Capítulo 2

## MINHA FILANTROPIA POLÍTICA

*"Um egoísta com uma fundação altruísta"*

Sou uma pessoa egoísta e autocentrada, e não tenho pudores em admitir isso. Nos últimos trinta anos, porém, criei um empreendimento filantrópico de amplo alcance — a Open Society Foundations —, cujo orçamento anual girava em torno de 500 milhões de dólares, caminhando hoje para 1 bilhão. (As despesas totais de 1979 a 2018 foram em torno de 15 bilhões.) As atividades da Open Society Foundations se estendem a todas as partes do globo e cobrem uma gama tão ampla de áreas que até eu me surpreendo. Obviamente, egoísta e autocentrado não sou só eu — a maioria de nós somos. A diferença é que estou disposto a admitir. Tem muita gente verdadeiramente caridosa no mundo, mas poucos acumulam a riqueza necessária para ser filantropos.

Sempre desconfiei da filantropia. Na minha opinião, ela vai contra nossa natureza; portanto, cria muita hipocrisia e muitos paradoxos. Eis alguns exemplos: a filantropia deve ser dedicada a beneficiar os outros, mas os filantropos tendem a se preocupar antes de mais nada com seu próprio bem; a filantropia deveria ajudar as pessoas, mas muitas vezes elas ficam dependentes e se transformam em objetos de caridade; o pleiteante diz à fundação o que ela quer ouvir, depois faz com o dinheiro o que bem entende.

Considerando meu posicionamento crítico em relação à filantropia, por que devoto parte tão grande da minha riqueza e das minhas energias a ela? A resposta pode ser encontrada em parte na minha história pessoal, em parte na estrutura conceitual que me orientou ao longo da vida e em parte no puro acaso.

Minha experiência pessoal, antes de completar 14 anos, foi a ocupação alemã da Hungria em 1944. Se não fosse pelo meu pai, eu poderia ter perecido no Holocausto ou sofrido danos psicológicos permanentes. Meu pai compreendeu os perigos e lidou com eles melhor do que os outros. Depois do que passou na Primeira Guerra Mundial, ficou preparado para a Segunda.

Gosto de contar essa história. Durante a Primeira Guerra Mundial, meu pai se juntou ao exército austro-húngaro como voluntário e foi capturado pelos russos. Ele foi levado para a Sibéria como prisioneiro de guerra. No campo, tornou-se editor de uma revista literária manuscrita que ficava exposta em uma tábua e se chamava *A Tábua*. Os autores se juntavam atrás da tábua e escutavam os comentários dos leitores. Meu pai voltou para casa com as páginas manuscritas e me lembro de tê-las visto quando criança. *A Tábua* o tornou muito popular, e ele foi eleito representante dos prisioneiros. Quando alguns prisioneiros de guerra escaparam de um campo vizinho, o representante foi fuzilado como punição. Em vez de esperar a mesma coisa acontecer em seu campo, meu pai juntou um grupo de prisioneiros e organizou uma fuga. Eles construíram uma balsa, e a intenção era flutuar até o oceano. No entanto, o conhecimento de geografia que tinham era deficiente, e não se deram conta de que todos os rios da Sibéria deságuam no Oceano Ártico. Quando perceberam o erro, desceram da balsa e voltaram caminhando para a civilização pela taiga desabitada. Foram parar em plena terra sem lei da Revolução Russa e passaram por situações assustadoras. Essa foi a experiência pessoal *dele*.

Por fim, meu pai conseguiu regressar à Hungria, mas voltou para casa mudado. Quando se voluntariou para o exército, era um jovem ambicioso. Como resultado de suas aventuras na Rússia, perdeu a ambição e não queria outra coisa da vida senão desfrutá-la. Criar seus dois filhos foi uma de suas principais alegrias. Ele foi um pai muito bom. Também gostava de ajudar e orientar os outros, e tinha facilidade para fazer amizades. Orgulhava-se muito de sua percepção e de seu julgamento, mas, nos demais aspectos, não tinha absolutamente nada de egoísta ou autocentrado.

Quando os alemães ocuparam a Hungria em 19 de março de 1944, ele soube o que fazer. Percebeu que aqueles eram tempos anormais e que as pessoas que seguissem as regras normalmente estariam em risco. Providenciou identidades falsas não só para sua família próxima, mas também para alguns amigos. Ele cobrava uma comissão — às vezes uma soma exorbitante — de quem podia pagar e ajudava outras pessoas de graça. Nunca o vira trabalhar tanto antes. Foi seu grande momento. Tanto a família como boa parte dos amigos que aconselhou ou ajudou sobreviveram.

O ano da ocupação alemã, 1944, foi *minha* experiência pessoal. Em vez de nos sujeitar ao destino, resistimos contra uma força maligna muito mais poderosa do que nós — e prevalecemos. Foi uma aventura tão empolgante quanto a do filme *Os caçadores da arca perdida*. Não só sobrevivemos como também conseguimos ajudar os outros. Isso deixou uma marca permanente em mim e despertou meu apetite por correr riscos. Sob a sábia orientação do meu pai, aprendi a lidar com eles — a explorar os limites do possível, mas sem ultrapassá-los. Gosto de confrontar a dura realidade e de lidar com problemas aparentemente insolúveis.

Ajudar os outros nunca perdeu sua conotação positiva para mim, mas, por muito tempo, tive poucas oportunidades de pôr isso em prática.

Após as estonteantes aventuras da guerra e do período imediato do pós-guerra, a vida na Hungria se tornou insuportável. O país foi ocupado pelas tropas russas, e o Partido Comunista consolidou seu domínio. Eu queria ir embora e, com ajuda do meu pai, consegui sair. Em setembro de 1947, fui estudar na Inglaterra.

A vida em Londres foi um pouco decepcionante. Com 17 anos, muito pouco dinheiro e quase nenhum contato, me senti só e infeliz. Consegui trabalhar para pagar a faculdade, mas não foi uma experiência agradável. Todos os alunos filhos de residentes na Inglaterra tinham direito a um estipêndio pago pelo condado. Eu era uma exceção porque meus pais não moravam comigo. Trabalhar para pagar os estudos não era simples, mas foi necessário.

A filantropia cruzou meu caminho duas vezes durante esse período difícil. Esses encontros deram o tom à minha atitude em relação à caridade desde então. Pouco depois de chegar a Londres, procurei o Jewish Board of Guardians para solicitar auxílio financeiro. Meu pedido foi rejeitado porque, segundo suas diretrizes, a ajuda era apenas para jovens aprendizes de algum ofício, e não para estudantes. Mais tarde, já aluno da London School of Economics, consegui um emprego temporário durante as festas de fim de ano como carregador na estrada de ferro e quebrei a perna. Deixei o hospital de muletas e achei que era uma boa oportunidade para pedir ajuda ao Jewish Board of Guardians. Subi os dois andares de escada com as muletas e solicitei o apoio temporário. Eles repetiram o mantra sobre ajudar apenas aprendizes, mas não tinham como me negar algum apoio. Consegui três libras, o que mal dava para uma semana. Continuou assim por muito tempo. Toda semana eu subia a escada de muletas para pegar o dinheiro.

Enquanto isso, meu colega de quarto, ao ouvir minha história, procurou o Jewish Board of Guardians e afirmou que gostaria de aprender um ofício. Ele não durava em nenhum emprego que conseguiam, mas continuaram a ajudá-lo. Após um tempo, me mandaram pedir assistência ao Industrial Injuries Board. Avisei que não iria, pois trabalhava ilegalmente e não queria arriscar perder meu visto de estudante. Não era verdade. Meu trabalho temporário na ferrovia era regularizado, mas eles não sabiam disso. Tinham enviado um assistente social para checar minhas informações, mas o sujeito não descobriu. Assim, quando rejeitaram o novo pedido de auxílio, me achei moralmente justificado ao escrever uma carta apaixonada ao presidente do Jewish Board dizendo: "Conseguirei sobreviver, mas me entristece que a instituição que o senhor dirige relute em ajudar um jovem estudante judeu que quebrou a perna e estava em dificuldade." Isso teve o efeito desejado. O presidente providenciou para mim as três libras semanais por via postal — logo, eu não precisava mais subir a escada. Depois que abandonei as muletas e viajei em um feriado de carona para o sul da França, escrevi ao presidente dizendo-lhe que não precisava mais do auxílio e agradecendo por tudo. Embora tivesse tapeado a fundação, achei que era o certo a fazer porque eles investigaram meu caso e não descobriram que eu estava mentindo. Nessas circunstâncias, considerei o comportamento deles injusto.

Meu segundo contato com a filantropia foi na época em que eu trabalhava como garçom em um clube noturno e estudava durante o dia. Quando meu tutor soube, procurou o grupo Quakers, que me mandou um questionário. Depois que eu o preenchi e o enviei, recebi um cheque de quarenta libras, sem que me exigissem mais nada. Aquilo me mostrou o jeito certo de ajudar as pessoas. Após a crise de 2008, consegui que quase um milhão de crianças em idade escolar em Nova York, cujas famílias viviam da previdência ou de vales-alimentação, recebesse um cheque de 200 dólares, sem compromisso. Lancei mais de 20% do custo em nome do Estado de Nova York a fim de me qualificar para uma verba do governo federal como parte do pacote de estímulo econômico. A generosidade do Quakers me rendeu amplos dividendos seis décadas depois, e me senti bem por isso, apesar dos ataques maldosos do *New York Post* sobre as "esmolas previdenciárias".

Ao terminar a faculdade, passei por tempos difíceis para encontrar meu lugar no mundo. Depois de uma série de tentativas infrutíferas na Inglaterra, acabei em Nova York, primeiro trabalhando como investidor de operações de arbitragem; em seguida, como analista de valores imobiliários e vendedor institucional; e, finalmente, como gestor de um dos primeiros *hedge funds*. Durante esse período, não fui muito ativo na filantropia. O único empreendimento que vale a pena mencionar foi uma tentativa de restaurar o Central Park. Em parceria com Dick Gilder, um corretor e investidor, criamos o Central Park Community Fund, mas não deu muito certo. Outra organização, a Central Park Conservancy, formou uma relação mais estreita com a administração do parque e foi bem mais longe no trabalho de restauração. Minha maior realização foi dissolver nossa entidade e fundi-la à que havia sido bem-sucedida. No processo, descobri que instituições de caridade têm vida própria, independentemente da missão declarada, e que é mais fácil fundar do que fechar uma.

Ao estudar na London School of Economics e ao trabalhar em Nova York, desenvolvi a teoria da reflexividade, que me orientou na hora de ganhar dinheiro como gestor de *hedge fund* e, mais tarde, de gastá-lo como um filantropo interessado em políticas públicas. Por motivos explicados na Introdução, a versão mais recente pode ser lida no Capítulo 6.

Minha estrutura conceitual ainda não estava tão bem desenvolvida nos meus tempos de faculdade, mas as ideias centrais já estavam ali e se estendiam não só à economia como também à política e aos assuntos humanos em geral. Meu pensamento foi muito influenciado por Karl Popper, filósofo austro-britânico, primeiro em seu livro *A sociedade aberta e seus inimigos* e, depois, em sua teoria do método científico.

Completei meus créditos de graduação com um ano de antecedência, ou seja, eu tinha um ano para matar antes de me formar. Escolhi Karl Popper como meu tutor e escrevi alguns textos para ele. Depois da faculdade, tive de ganhar a vida, mas nunca perdi o interesse na complicada relação entre pensamento e realidade. Submeti um ensaio intitulado "The Burden of Consciousness" [O ônus da consciência] a Popper alguns anos depois de terminar a faculdade.

Minha carreira nos negócios seguiu um caminho tortuoso, muito por tentativa e erro, mas acabei encarregado de um dos primeiros *hedge funds* em Nova York. Comecei, em 1969, com uns 3 milhões. Em 1979, o fundo alcançou a marca de 100 milhões de dólares, a maior parte como reserva de contingência. Cerca de 40 milhões desse montante eram meus. Considerei que isso era mais do que suficiente para mim e minha família. O estresse de correr riscos com base na alavancagem era enorme. Certa vez, em cima da hora, apliquei uma soma imensa em uma nova emissão de títulos do governo britânico, sem providenciar antes o financiamento necessário. Saí feito um doido pelo centro financeiro londrino tentando encontrar uma linha de crédito e, enquanto caminhava pela Leadenhall Street, pensei que fosse ter um ataque cardíaco. "Assumi o risco para faturar uma bolada", pensei, "mas, se eu morrer agora, perco o jogo. Não faz sentido arriscar a vida para ganhar dinheiro." Foi então que decidi fazer algo que valesse a pena com meu dinheiro e criei uma fundação. Refleti com cuidado sobre o que era realmente importante para mim. Pautei-me pela minha estrutura conceitual um tanto abstrata e me dediquei por completo à ideia da sociedade aberta, que é uma das pedras angulares dessa estrutura.

Até onde sei, a expressão "sociedade aberta" foi proposta pela primeira vez por Henri Bergson, filósofo francês, em seu ensaio "As duas fontes da moral e da religião". Uma era tribal e levou a uma sociedade fechada; e a outra era universal e ficou associada a uma sociedade aberta. Karl Popper observou que sociedades abertas podem ser transformadas em fechadas com o uso de ideologias universais que afirmam ter uma verdade suprema. Essa alegação é falsa — logo, tais ideologias podem prevalecer apenas usando métodos de coerção. Por sua vez, as sociedades abertas reconhecem que diferentes pessoas têm distintos pontos de vista e interesses. Elas introduzem leis feitas pelo homem para possibilitar às pessoas viver juntas em paz. Tendo passado pelo governo nazista e pelo comunista na Hungria, fiquei impressionado com as ideias de Popper. Defini a missão da minha fundação da seguinte forma: (1) abrir sociedades fechadas; (2) tornar sociedades abertas mais viáveis; e (3) promover um pensamento crítico. Isso em 1979.

## PRIMEIROS PASSOS

A fundação teve um começo lento. Ciente das ciladas e dos paradoxos da filantropia, eu queria evitá-los. Passei por um aprendizado na Helsinki Watch, organização de direitos humanos incipiente que depois virou a Human Rights Watch. Eu comparecia às reuniões às quartas-feiras de manhã, quando discutíamos os acontecimentos e as atividades do momento. Também realizei uma viagem de apuração de fatos a El Salvador e à Nicarágua, países na época em plena guerra civil. Aprendi muito, mas fiz relativamente pouco sozinho. Envolvi-me com um refugiado russo, Vladimir Bukovsky, que era ativo no Afeganistão ocupado pelos soviéticos. Parei de apoiá-lo quando percebi que suas atividades poderiam resultar na morte de pessoas.

Posteriormente, fui à Rússia para outra viagem de apuração de fatos, tornei-me amigo íntimo de um *refusenik* e passei a lhe enviar dinheiro por uma comissária de bordo da Swissair para que ele distribuísse a outros dissidentes na Rússia. Por fim, minha fundação se tornou uma fonte importante de auxílio financeiro para movimentos dissidentes por todo o Leste Europeu.

Meu primeiro grande empreendimento independente foi na África do Sul. Eu tinha um amigo zulu em Nova York, Herbert Vilakazi, que era professor universitário em Connecticut. Ele voltou à África do Sul para assumir um cargo na Universidade de Transkei — que estava sob o sistema do apartheid. Eu o visitei em 1980, ganhando uma perspectiva incomum da África do Sul. Aquela era uma sociedade fechada com todas as instituições de um país de primeiro mundo, inacessíveis para a maioria da população por questões raciais. Onde eu encontraria oportunidade melhor para lutar por uma sociedade aberta? Reuni-me com o vice-chanceler da Universidade da Cidade do Cabo, Stuart Saunders, que estava ansioso para abrir as portas para alunos negros. Qualquer estudante aceito pela universidade era subsidiado pelo governo. Agarrei prontamente a oportunidade de usar os recursos do próprio estado para acabar com o apartheid e me ofereci para financiar o custo de vida para oitenta alunos negros.

Voltei a visitar a África do Sul no ano seguinte, dessa vez com menos sucesso. Pretendia dar meu apoio às artes e à cultura africanas, então pedi a Nadine Gordimer, que ganharia um prêmio Nobel de literatura, que marcasse uma reunião com líderes culturais africanos para debatermos a melhor forma de oferecer esse apoio. A reunião foi um desastre. Àquela altura, minha identidade havia sido revelada. Todos sabiam que eu era um filantropo rico de Nova York, e os participantes viram um pote de ouro sentado ali na sala. A única coisa que discutiram foi como dividir o dinheiro entre si. Decidi abandonar o projeto, desapontando a todos.

Também visitei a Universidade da Cidade do Cabo e descobri que a quantidade de alunos negros era inferior a oitenta, porque algumas bolsas da Open Society eram concedidas a alunos que já estavam na universidade ou porque alguns haviam largado os estudos. Os alunos que conheci pareciam insatisfeitos. Não se sentiam acolhidos, mas sim discriminados e forçados a viver em uma cultura estranha, além de encontrar dificuldade para atender às exigências acadêmicas. Também me reuni com os professores e os achei de mente bem menos aberta do que o vice-chanceler.

Decidi interromper o plano. No entanto, esperaria a primeira turma terminar. Em retrospecto, a descontinuidade do projeto se revelou uma decisão ruim. O vice-chanceler contratou um mentor negro para os alunos negros — por acaso, meu amigo Herbert Vilakazi —, e eles se saíram bem melhor. Teria sido ótimo ter uma quantidade maior de alunos negros formados quando o apartheid foi abolido. Contudo, na época dessa decisão, o regime parecia firmemente estabelecido. Tentei também alguns outros projetos, mas fiquei com a sensação de que nada que fizesse mudaria o sistema. O fato de terem permitido minhas atividades serviu apenas para mostrar como eram tolerantes. Em vez de ser eu a me aproveitar do estado do apartheid, o estado do apartheid é que parecia tirar proveito de mim: ao tolerar minhas atividades, melhorava sua imagem no exterior. Em retrospecto, gostaria de ter sido mais persistente. Essa experiência me ensinou que vale a pena lutar por causas aparentemente perdidas.

O principal empreendimento seguinte foi na minha Hungria natal. No início da década de 1980, o regime comunista húngaro estava ansioso para ser aceito pelo Fundo Monetário Internacional (FMI) e pelo Banco Mundial. Isso me deu a oportunidade de levar um grupo de dissidentes húngaros para passar um ano na Universidade de Nova York: eles receberam permissão de sair do país. Então, pude obter um conhecimento básico sobre a Hungria para começar a trabalhar.

Em 1984, entrei em contato com o governo húngaro para propor uma fundação no país e, para minha relativa surpresa, a reação foi positiva. Travamos prolongadas negociações, e fui orientado por meus amigos dissidentes. Ficou combinado que minha fundação apoiaria a cultura húngara em geral, e não apenas dissidentes. A Academia de Ciências Húngara, na época sob o rígido controle do Comitê Central do Partido Comunista, foi nomeada como minha sócia.

Visitei o país repetidas vezes e selecionei um grupo de pessoas em que pudesse confiar e que fossem ao mesmo tempo aceitáveis para o governo. Junto com o vice-presidente da academia, elas formaram a diretoria de nossa *joint venture*. Até aí, tudo bem. No entanto, o governo insistiu que as decisões da diretoria fossem executadas por um secretariado composto por seus indicados políticos de confiança controlados pela polícia secreta, e isso azedou o acordo. Procurei o czar cultural do Partido Comunista, George Aczel, e o informei sobre o impasse.

— Sem ressentimentos, espero — disse ele.

— Difícil evitar, depois de tanto esforço — respondi.

— O que seria preciso para você continuar? — perguntou quando me aproximei da porta.

— Um secretariado independente.

Concordamos em ter dois secretariados: um indicado pela Academia de Ciências, o outro por mim. Qualquer documento precisaria ser assinado por ambos para ter validade. Foi assim que a fundação húngara nasceu. Também fiz minha primeira contratação em Nova York, no que viria a ser a sede da Open Society Foundations, de um emigrado húngaro. Até então, a equipe era minha segunda esposa, Susan Weber.

A fundação na Hungria operou às mil maravilhas. Fui poupado de todas as ciladas que atormentam uma fundação normal porque a sociedade civil a adotou. Seguimos um preceito simples que extraí do conceito de sociedade aberta de Karl Popper: o dogma de estado, promovido pelos comunistas no poder, era falso. Ao oferecer uma alternativa ao monopólio ideológico do estado de partido único, podíamos expor essa falsidade ao público. Logo, a fundação apoiava qualquer iniciativa cultural que não fosse uma expressão do dogma oficial — de clubes de cítara a cooperativas agrícolas. As somas concedidas eram muito pequenas, porque a maioria das iniciativas se servia de instalações fornecidas pelo estado, e os envolvidos nelas recebiam um salário do governo. Usamos os recursos do próprio estado para miná-lo.

Os florins húngaros necessários para essas premiações eram gerados dando bolsas em dólar a instituições culturais e educacionais. Elas dispunham de um monte de florins húngaros, mas de pouca moeda estrangeira. Assim, estavam dispostas a contribuir para a fundação húngara a uma taxa de câmbio muito melhor do que a oficial. Nosso maior sucesso foi lhes fornecer máquinas da Xerox, que serviram para duas coisas: garantir a moeda húngara para a fundação húngara e ajudar na difusão da informação que, de outro modo, não estaria disponível com facilidade. O Instituto de Liderança da Karl Marx University of Economics e o Instituto de Filosofia da Academia de Ciências Húngara, por exemplo, usaram as copiadoras para produzir literatura *samizdat* clandestina.

A fundação não precisava se precaver contra pleiteantes que quisessem se aproveitar dela — como fiz com o Jewish Board of Guardians — porque era protegida pelas pessoas que ajudava. Se alguém cometesse abusos, era denunciado pelos que se consideravam parte da fundação. Por exemplo, a fundação abandonou os planos de apoiar uma instituição de caridade que produziria e distribuiria audiolivros quando houve uma denúncia de corrupção contra esta. Essa rede de informação fez a fundação ser extremamente eficiente. Com 3 milhões de dólares anuais, ela pôde oferecer uma alternativa ao Ministério da Cultura, que tinha verba muito maior — de fato, ficamos conhecidos como o Ministério da Cultura alternativo. Uma de nossas iniciativas mais bem-sucedidas foi apoiar faculdades independentes, dirigidas por alunos, em universidades dirigidas pelo estado e um sindicato de estudantes independente que mais tarde se converteu no núcleo de um dos principais partidos políticos da Hungria, o Fidesz, ou Aliança dos Jovens Democratas. A maioria dos professores apoiava o Fórum Democrático Húngaro. Cheios de energia, os alunos levaram a melhor sobre os professores. Seu líder, Viktor Orbán, se tornou primeiro-ministro em 1998.

Uma vez no governo, Orbán virou a casaca. Ele percebeu uma oportunidade política à direita e se tornou cada vez mais nacionalista. Isso o ajudou a ser reeleito em 2010 e a seguir como primeiro-ministro desde então. Orbán também se mostrou cada vez mais corrupto, de modo que a Hungria hoje pode ser descrita, sem exagero, como um estado mafioso. Ele ainda considerou politicamente conveniente travar uma guerra midiática contra mim, seu antigo benfeitor. Tentou fazer disso um conflito pessoal entre nós, mas não lhe dei esse prazer. Sempre mantive nossas diferenças em um nível estritamente político.

Voltando à história da minha fundação húngara, não foi um mar de rosas. Atraiu uma clientela que se acostumou a receber auxílio, o que acabou por torná-la menos aberta à sociedade em geral do que deveria ter sido. Ainda assim, escapou de muitos defeitos que caracterizam as fundações normais. Seu sucesso excedeu minhas expectativas e abriu meu apetite para a filantropia, o que por sua vez me proporcionou a motivação para continuar ganhando dinheiro como gestor de *hedge fund*.

Em 1986, criei uma fundação na China, mas não vou contar essa história agora porque você pode ler sobre ela com mais detalhes no Capítulo 1.

Em 1987, tentei reproduzir o modelo da fundação húngara na Polônia. Eu já apoiava um programa para professores poloneses visitantes na Universidade de Oxford e dava dinheiro para o braço cultural do sindicato polonês Solidariedade, de modo que tínhamos boas ligações com a sociedade civil polonesa. Com a ajuda de Zbigniew Pelczynski, que dirige o programa de Oxford, obtivemos a permissão oficial.

Desde o começo, a diretoria da fundação polonesa se recusou a seguir o modelo húngaro. Insistiu na adoção de uma abordagem mais focada em áreas específicas do programa em vez de se propor a ouvir todo tipo de proposta. Decidi lhes dar corda para se enforcarem, mas eles mostraram ter razão, e posteriormente adotamos o modelo polonês também em outros países. Com isso aprendi mais uma lição. Percebi que os cidadãos dos países onde ficavam minhas fundações entendiam seu país melhor do que eu. Assim, dali em diante, aceitei a avaliação das diretorias locais. Se discordava seriamente do parecer, eu mudava a diretoria.

Também criei uma fundação na União Soviética em 1987. Em dezembro de 1986, o secretário-geral, Mikhail Gorbachev deu um telefonema sem precedentes para o cientista nuclear e ativista dos direitos humanos Andrei Sakharov, que fora exilado em Gorky (atual Nizhni Novgorod). Gorbachev o convidou a voltar a Moscou "para retomar suas atividades patrióticas". Tomei isso como um sinal de que algo fundamental havia mudado — Sakharov poderia ter tido permissão de deixar a União Soviética, mas não de voltar a Moscou. Voei para lá assim que pude.

Não muito após minha chegada, identifiquei a recém-criada Fundação Cultural, cuja madrinha era a esposa de Gorbachev, Raisa, e uma parceira em potencial. Visitei Sakharov e lhe pedi para ser meu representante pessoal na diretoria, mas ele recusou. "Você só vai encher os cofres da KGB de dólares", advertiu-me. Ele me via como um norte-americano ingênuo e me orgulho de ter mostrado que estava errado. Ainda assim, como vim a descobrir, os benfeitores da Fundação Cultural tinham ligação com a KGB. Fui informado disso, confidencialmente, durante uma caminhada ao ar livre, de modo que ninguém pudesse ouvir.

Sakharov me aconselhou sobre potenciais membros da diretoria. Eu já entrara em contato com Tatyana Zaslavskaya, uma socióloga de mentalidade independente, de Novosibirsk. Sakharov recomendou Yuri Afanasiev e Grigory Baklanov, respectivamente o historiador e o editor de *Znamya*, uma revista literária. Também pensei no escritor Daniil Granin; em Valentin Rasputin, um ambientalista siberiano que depois se tornou ultranacionalista e um dos apoiadores mais fervorosos de Putin; em Tengiz Buachidze, um filólogo da Geórgia; e em Boris Rauschenbach, cientista espacial e filósofo religioso, em quem, naquele momento, podia confiar para participar da diretoria.

Fiz um acordo com o diretor do Institute of Personal Computers, que me pagou por computadores importados cinco vezes mais que a taxa de câmbio oficial. Foi assim que minha fundação na União Soviética, a Iniciativa Cultural, passou a existir.

Começamos a operar na mesma hora, sem esperar pela permissão oficial. Lembrei o que meu pai me contara quando eu era criança, sobre suas experiências durante a Revolução Russa: em épocas turbulentas, o impossível se torna possível. Outras fundações ocidentais insistiam em obter permissão das autoridades antes de começar a operar. Por um ou dois anos, a Iniciativa Cultural foi praticamente a única funcionando — e assim conseguimos provocar um grande impacto. Talvez nossa tentativa mais bem-sucedida tenha sido encomendar e distribuir livros didáticos atualizados de ciências sociais, história e direito para escolas e universidades. Também mantivemos quase todos os assim chamados periódicos densos — revistas literárias famosas, como a *Znamya* —, que teriam sucumbido sem nosso apoio.

Elaborei um plano para reformar a economia soviética. Em vez de zonas de livre-comércio geograficamente definidas, propus liberar um segmento particular da economia — a indústria de alimentos processados. Eu o concebi como o embrião de uma economia de mercado no útero da economia planejada. Trouxe um grupo de economistas ocidentais liderado por Wassily Leontief, laureado com o Nobel de origem russa, e Romano Prodi, que mais tarde virou presidente da Comissão Europeia.

Para minha surpresa, o premiê Nikolai Ryzhkov, presidente do Conselho de Ministros, ordenou que os diretores das várias agências estatais comparecessem à nossa primeira reunião. Isso mostra como as autoridades estavam ansiosas pela ajuda ocidental. Apesar de eu ser pouco conhecido na época, os diretores das agências mais importantes fizeram fila para conhecer os especialistas que levei. As discussões prosseguiram por um tempo, mas logo ficou óbvio que a economia planejada estava doente demais para sustentar um embrião saudável.

Também levamos especialistas jurídicos do Ocidente para ajudar a estabelecer um código civil. Contudo, minha capacidade de influenciar as políticas públicas no Ocidente não acompanhou o impacto que minhas fundações exerceram no império soviético. Isso pode ser atribuído a uma dissonância cognitiva entre o Oriente e o Ocidente. O Oriente estava no meio de um colapso sistêmico; no Ocidente, era um negócio normal. Quando propus um novo Plano Marshall para o império soviético em uma conferência Oriente-Ocidente na primavera de 1989, em Potsdam, que ainda fazia parte da Alemanha Oriental, fui alvo de chacota. (A proposta foi recebida com risadas, informou o *Frankfurter Allgemeine*.) E essa não foi a única tentativa frustrada de influenciar as políticas públicas ocidentais.

O sistema soviético se desintegrava rapidamente e estava além da capacidade da minha fundação liderar a transformação de uma sociedade fechada em aberta. Na verdade, a própria fundação se viu enredada no processo de desintegração. Descobrimos casos de corrupção entre alguns funcionários e perdemos tempo valioso para reorganizar a liderança. Nunca saberemos o que poderíamos ter realizado caso ela operasse de modo adequado.

Eu estava no coração da turbulência política na época — posição incomum para um estrangeiro. Fiquei intimamente envolvido na luta pelo poder entre grupos rivais de reformistas econômicos. Eu me aproximei muito de Grigory Yavlinsky, que tentou pôr em prática o preceito do meu pai — de que, em tempos revolucionários, se deve tentar o impossível. Ele foi a real força por trás do Plano Shatalin e do Programa 500 Dias, que buscavam substituir a União Soviética por uma união econômica que usava como modelo o Mercado Comum Europeu. Quando levei os economistas ocidentais, eles foram detidos e mantidos praticamente como prisioneiros durante um dia em um retiro rural por um grupo de reformistas rival. Acabei levando Yavlinsky e sua equipe à reunião anual do Banco Mundial e do FMI em Washington, quando os ajudei a lutar por reconhecimento em uma competição com a equipe rival. Embora tenha conseguido uma audiência, eles voltaram de mãos abanando, e Gorbachev rejeitou o programa que propuseram em favor do programa menos radical. Pouco depois, o próprio Gorbachev foi tirado do poder.

Nesse meio-tempo, o Muro de Berlim foi derrubado, e o império soviético se desintegrou. Os vários regimes comunistas da Europa Oriental desmoronavam, e eu chegava e criava fundações em um país após o outro. Fui a Praga com Prince Schwarzenberg, um ativista pelos direitos humanos, pouco antes do Natal de 1989, no auge da Revolução de Veludo. Fomos informados por Marián Čalfa, do Partido Comunista, na época primeiro-ministro e presidente em exercício da Tchecoslováquia, que ele estava determinado a entregar o poder de forma pacífica a Václav Havel, que foi pego de surpresa pela notícia.

Cheguei a Bucareste no início de janeiro de 1990, pouco depois de o ditador comunista Nicolae Ceaușescu ser executado. Soldados armados guardavam os dois lados da estrada para o aeroporto, e a própria cidade estava como que sitiada. Identifiquei um grupo da oposição e nomeei o único membro que podia encontrar em Bucareste como presidente interino da fundação que eu pretendia criar. Mais tarde, a polícia se infiltrou na organização, e tivemos de fazer arranjos diferentes. De lá fui para Sofia, onde um empreendedor e funcionário da embaixada norte-americana tomara providências para criar uma fundação búlgara. Também viajei pelas repúblicas constituintes da União Soviética e estabeleci fundações locais mesmo antes de se tornarem países independentes.

Minha visita à Ucrânia foi memorável. Fui a uma reunião em Kiev com a elite cultural do país, que propôs todo tipo de ideias. Considerei todas impraticáveis e lhes disse isso. No fim da reunião, pedi desculpas por reagir de forma tão negativa, mas eles não ficaram nem um pouco incomodados. "Você não percebe como é bom alguém dizer não sem enrolar. Nossas autoridades sempre dizem sim e não fazem nada." Essa foi outra lição. A partir daí, não hesitei em rejeitar propostas que considerasse impraticáveis.

Eram tempos frenéticos e eufóricos. Eu tinha um entendimento peculiar das condições desiguais, extraído das histórias do meu pai e das minhas próprias, que me possibilitaram tirar vantagem do momento revolucionário.

Mudei-me com minha família para Londres, pois assim poderia ficar mais perto da ação. Distribuí fundos sem um plano coerente. Eu via a sociedade aberta como uma forma de organização social mais complexa do que o sistema comunista em colapso. A transformação sistemática exigia uma ajudinha externa. Tudo precisava ser feito imediatamente. Então, quando recebia uma proposta que parecia viável, em geral eu a aprovava. Desse modo, as despesas da minha Open Society Foundations saltaram de 3 milhões de dólares para mais de 300 milhões em poucos anos. Isso não poderia ter sido feito se eu seguisse um planejamento. Operamos sem orçamento e, no fim, toda a rede da fundação começou a sair do controle. Estávamos atolados no caos em que prosperamos. Precisávamos urgentemente introduzir alguma ordem nele.

## PISANDO EM TERRENO MAIS FIRME

Tive a sorte de conseguir recrutar o diretor executivo da Human Rights Watch, Aryeh Neier, para ser presidente da Open Society Foundations em 1993. E ele assumiu mesmo o cargo. Eu não tinha mais permissão de viajar sozinho — alguém devia me acompanhar e tomar nota de todos os meus compromissos, que, de outro modo, não seriam cumpridos. Foi quando a nossa rede de fundações começou a tomar a forma atual. Criamos fundações sob a liderança local em praticamente todos os países do antigo império soviético — elas ficaram conhecidas entre nós como "rede de fundações nacionais". Também criamos o que chamamos de programas em rede, que ultrapassavam as fronteiras nacionais e cobriam áreas específicas, como justiça criminal, saúde pública, educação e direitos humanos. Isso criou uma matriz que combinava o conhecimento local, por meio das fundações nacionais, com a perícia profissional, mediante os programas em rede. A matriz não tinha limites definidos: fundações nacionais podiam ter projetos fora das áreas atendidas pelos programas em rede, e os programas em rede podiam ser ativos em países onde não tínhamos fundações nacionais. O sistema soviético continuou a se desintegrar, mas nossa organização se tornava mais coesa. Os anos caóticos haviam servido a seu propósito. As fundações foram as primeiras no local e ganharam reputação por sua disposição em tentar o impossível. Hoje o trabalho delas é mais profissional.

Cerca de um terço da nossa verba foi gasto com educação — levando a abordagem centrada na criança a uma região habituada a métodos autoritários e aprendizagem mecânica, além de enfatizar o pensamento crítico. Fundei a Universidade Centro-Europeia (CEU), uma instituição de pós-graduação, primeiro em Praga e depois em Budapeste, com filial em Varsóvia. Sua história está detalhada no Capítulo 3 deste livro. Também criei o Programa de Apoio ao Ensino Superior, que gastou quase o mesmo valor em outras instituições de ensino recém-criadas, reformando o currículo das universidades estaduais e oferecendo bolsas a professores de universidades públicas para lhes possibilitar viagens de estudos para o Ocidente, além de um salário extra para motivá-los a voltar a suas universidades de origem. Também apoiamos a reforma sistêmica tanto no ensino superior como no secundário e introduzimos o programa Step by Step para crianças em idade pré-escolar, uma modificação do Head Start, para o jardim da infância.

Outro terço ou mais do nosso orçamento foi usado para apoiar a sociedade civil em um sentido mais amplo, com ênfase específica nos direitos civis e na proteção de populações vulneráveis. Identificamos os ciganos — ou roma, como são atualmente chamados — como o pior caso de exclusão social por motivos étnicos no Leste Europeu. Dedicamos uma quantidade cada vez maior de fundos e energia para lidar com esse problema — no início, apoiando sua cultura; e, depois, o ensino. Nossa maior conquista foi formar uma nova geração de jovens roma instruídos que tinham orgulho de fazer parte daquele grupo étnico.

Conforme a desintegração do sistema soviético avançava e o sofrimento da população aumentava, igualmente crescia nosso orçamento. Dediquei 100 milhões de dólares para estabelecer a Fundação de Ciências Internacional, cujo objetivo era preservar o melhor da ciência soviética. Ela distribuiu bolsas emergenciais de 500 dólares cada para os cientistas mais eminentes na antiga União Soviética. Em razão da inflação descontrolada, era o bastante para sustentar uma família por um ano. A seleção foi baseada em um critério simples e objetivo: três citações em um periódico científico internacionalmente reconhecido. Mais de trinta mil cientistas se qualificaram. O restante do dinheiro foi gasto com programas de pesquisa selecionados por um júri internacional de cientistas, usando o sistema de revisão por pares. O projeto foi um sucesso extraordinário: a soma toda foi distribuída em um ano.

Meu objetivo era não só salvar o melhor da ciência soviética, por mim considerada uma das maiores realizações do intelecto humano, como também demonstrar que o auxílio estrangeiro poderia ser gerido eficientemente. Em um artigo no *Wall Street Journal*, em 1992, propus que a ajuda oferecida pelo Fundo Monetário Internacional (FMI) fosse administrada nos mesmos moldes. Em vez de oferecer apoio orçamentário ao governo soviético e a seus sucessores, a ajuda deveria se destinar ao pagamento de pensões e de auxílio ao desemprego e à sua distribuição, supervisionada de perto. A ideia era boa, mas não foi para a frente. Falando de modo geral, quando implementava uma ideia sozinho, funcionava, mas não ia muito longe quando tentava influenciar uma política pública. Isso está mudando com o tempo: mais recentemente, fui mais bem-sucedido em mobilizar o apoio público.

Acredito que, se minha proposta no *Wall Street Journal* tivesse sido seguida, a história teria tomado um rumo diferente. As pessoas na União Soviética teriam enxergado alguns benefícios práticos e tangíveis da ajuda ocidental e, por consequência, a atitude que teriam em relação ao Ocidente seria bem diferente. A Europa está pagando um alto preço hoje por ter deixado de oferecer assistência ao povo russo em um momento de necessidade.

Também amadureci muito no decorrer dessas aventuras. No início, me empolguei com as oportunidades quase ilimitadas que surgiram com o colapso do sistema soviético e fiquei tão ansioso para desempenhar um papel na história que não hesitei em tentar o impossível. Aos poucos, aprendi a discernir entre o que podia funcionar e o que não podia. Fiquei mais seletivo e preocupado em conseguir algo que valesse a pena. Lembro que uma vez fui a Moscou para encontrar duas pessoas importantes, que cancelaram a reunião por causa de algo que eu tinha declarado. Antes, eu teria ficado aborrecido, mas, naquele momento, fiquei feliz com a minha atitude. Mais recentemente, quando as pessoas me perguntavam se me encontrara com Putin, eu podia responder com franqueza que não queria.

O ano de 1992 trouxe uma mudança importante em minha condição de figura pública. Quando a libra esterlina foi obrigada a deixar o Mecanismo Europeu de Taxas de Câmbio, fiquei conhecido como o "homem que quebrou o Banco da Inglaterra". Isso porque não neguei que meu *hedge fund* desempenhara um papel no episódio, que foi exagerado pela mídia. Deixei que isso acontecesse para ter uma plataforma da qual pudesse me pronunciar sobre outras questões. Funcionou. De repente, minha voz podia ser ouvida.

A Iugoslávia se envolveu em uma guerra civil naquele ano, e usei o momento para anunciar um fundo de 50 milhões de dólares para assistência humanitária à população civil de uma Bósnia dilacerada pela guerra. Meu anúncio, no período das festas de fim de ano, chamou a atenção para o sofrimento daquele povo. A ideia original por trás da minha doação era levar ajuda humanitária à zona de guerra, o que obrigaria as forças das Nações Unidas a adotar regras mais agressivas para protegê-los. Não foi o que aconteceu. As tropas das Nações Unidas não intervieram para impedir o massacre em Srebrenica. No entanto, um gênio da assistência humanitária, um texano chamado Fred Cuny, usou o dinheiro para fornecer gás, eletricidade e água para Sarajevo, e também sementes para cultivo. A ideia que tive não funcionou, mas a forma como Fred Cuny usou meu dinheiro, sim. Talvez não seja exagero dizer que ajudou o povo de Sarajevo a sobreviver. Pouco depois, Cuny foi morto na Chechênia, em circunstâncias nunca esclarecidas, e seu corpo jamais foi recuperado.

Visitei Sarajevo em novembro de 1993, quando a cidade estava sob cerco. Não estava ansioso por colocar minha vida em risco. Foi uma viagem muito assustadora, voei em um Ilyushin Il-76, um dos maiores aviões do mundo. Sentamos junto às tubulações de gás empilhadas no chão. A tripulação ucraniana apertou e afrouxou as correias que prendiam os canos quando o avião se inclinou e depois pousou. Então, tivemos dez minutos para evacuar o aeroporto.

Fui a Sarajevo para a cerimônia de inauguração da estação de tratamento de água construída por Fred Cuny. Os módulos da estação foram levados até lá de avião, e ela foi instalada em um túnel de estrada, no flanco de uma montanha. As autoridades locais, porém, não deram permissão para a água ser ligada. Nunca soubemos o motivo. Alguém devia estar ganhando muito dinheiro com a venda de água ou o governo queria na TV imagens das pessoas sendo mortas por franco-atiradores enquanto esperavam na fila da água, gerando solidariedade pelo sofrimento local. Ou as duas coisas. Tive de ameaçar ir a público em protesto antes que a permissão para abrir as torneiras fosse dada.

A tarefa de dar uma aparência de ordem às fundações que haviam surgido em todo o Leste Europeu e na antiga União Soviética foi árdua, mas não tão monopolizadora ou prazerosa quanto o período revolucionário. Nosso gasto anual conheceu o pico de cerca de 600 milhões de dólares antes de começarmos a introduzir a disciplina administrativa. A meta era cortar os gastos pela metade, mas nunca foi alcançada, porque novas oportunidades surgiram em outros lugares. No entanto, antes de começar essa história, vou concluir a da União Soviética.

## DESAFIOS

Quando Putin chegou ao poder, em 1999, nossa fundação na Rússia ficou sob ataque e foi expulsa do país. Havíamos alugado um prédio com opção de compra. Entretanto, a máfia russa conseguiu trocar o contrato registrado em juízo por outro falso, sem a opção de compra. Tivemos que desocupar o escritório quando o aluguel expirou. Na época, não tinha certeza se era obra da máfia russa, mas agora tendo a pensar que houve conivência das autoridades.

Um dos motivos para o presidente Putin me considerar um inimigo pessoal foi meu apoio a Mikheil Saakashvili, da Geórgia, no início da década de 2000. É uma história triste, a meu ver. Durante a presidência de Eduard Shevardnadze, a Geórgia se tornou muito corrupta. Uma campanha anticorrupção gigantesca foi lançada por um grupo de reformistas liderados por Saakashvili, ministro da Justiça na época, e Zurab Zhvania, que foi presidente do Parlamento. A campanha foi apoiada por minha fundação e me envolvi pessoalmente. Também foi apoiada pelo presidente Shevardnadze, que eu considerava um sujeito decente, embora esgotado. O programa anticorrupção em si era bem formulado e ambicioso, mas não decolou. Toda vez que eu visitava a Geórgia, o presidente Shevardnadze fazia um gesto de apoio, mas não conseguia resolver o problema porque a principal fonte de corrupção era o Ministério do Interior — e sua vida literalmente dependia dos serviços de segurança. Por fim, os reformistas perderam a paciência. Saakashvili e Zhvania deixaram o governo e formaram um partido político de oposição ao presidente Shevardnadze. Expressei meu apoio a eles dando-lhes o Prêmio Sociedade Aberta 2003 em nome da Universidade Centro-Europeia (CEU). A oposição liderava as pesquisas em novembro. Uma pesquisa independente de boca de urna, encomendada entre outros, por minha fundação, lhes dava uma maioria, mas os resultados oficiais deram o partido do governo como vitorioso. As pessoas acreditaram na pesquisa de boca de urna, e não nos resultados oficiais, e houve uma revolução. Saakashvili foi eleito presidente em janeiro de 2004.

Fiquei em êxtase e contribuí como pude para seu sucesso. Doei muitos milhões de dólares para um fundo de capacidade criado pelo Programa de Desenvolvimento das Nações Unidas, que pagava salários suplementares de milhares de dólares mensais a membros do gabinete de Saakashvili e cem dólares mensais para a força policial. Isso permitiu a Saakashvili impor disciplina na polícia e ordenar a remoção dos bloqueios nas ruas, nos quais carros em trânsito eram subornados. Foi uma medida anticorrupção tangível que aumentou muito sua popularidade. No entanto, a situação se deteriorou quando o governo prendeu muitos empresários proeminentes sob a acusação de corrupção e pediu grandes somas de dinheiro para soltá-los. O dinheiro ia para um caixa dois usado na compra de armamentos para defender a Geórgia contra o esperado ataque russo. Por ser um caixa dois, acabou se tornando fonte de corrupção.

Minha fundação na Geórgia se pronunciou contra esse comportamento ilícito e, na ausência de oposição parlamentar, tornou-se a voz mais crítica ao governo. Pessoalmente, no início, fui mais tolerante com os excessos do governo, sustentando que, em situações revolucionárias, as regras normais não se aplicam. Contudo, quando percebi que isso não acabava, também me tornei mais crítico. Uma vez no poder, Saakashvili se revelou bem menos um exemplo dos valores da sociedade aberta do que havia sido quando estava na oposição.

Nesse ínterim, fui acusado pela mídia russa de ser o dinheiro por trás de Saakashvili, e Putin aconselhou os governantes das repúblicas centro-asiáticas a fechar minhas fundações. Felizmente, a maioria se decidiu contra essa recomendação, mas as fundações sentiram a pressão, e houve repercussões adversas em outras partes do mundo também. Foi uma lição dolorosa que me ensinou a manter mais distância da política interna dos países onde tenho fundações.

É mais fácil chegar a essa conclusão na teoria do que implementá-la na prática. A estratégia que desenvolvemos para lidar com cada país depende das condições políticas internas. Adotamos uma abordagem em duas frentes. Por um lado, ajudamos a sociedade civil a responsabilizar os governos. Por outro, tentamos trabalhar com os governos que estão dispostos a aceitar nossa ajuda. Podemos ser mais eficazes se pudermos realizar ambas as funções. E ainda mais eficazes quando há mudança no regime democrático, com um novo governo querendo estabelecer uma sociedade mais aberta, mas não consegue. Ajudá-los com isso é nossa maior contribuição. Foi o que fizemos quando o sistema soviético entrou em colapso. Levamos especialistas de fora e fornecemos apoio financeiro para indivíduos qualificados dos países interessados em retornar. E foi isso que fizemos uma década depois, na Geórgia. Quando me lembro dessa difícil experiência, não sei dizer se teria feito algo diferente.

A verdadeira lição aprendida na Geórgia foi que ajudar países em transição é uma tarefa difícil e ingrata. Tivemos experiências similares em outros lugares, com reformas introduzidas pelo governante em exercício desfeitas quase que de modo sistemático pelo seguinte. A Rússia é o principal exemplo. As liberdades que prevaleceram durante os caóticos anos de Yeltsin praticamente desapareceram sob o comando de Putin. Mesmo assim, há uma lição mais sutil a ser aprendida. É perigoso construir reformas sistêmicas em estreita associação com um governo específico. Tais reformas necessitam de ampla participação e apoio da população. É o que as torna irreversíveis.

Houve outro motivo para Putin me considerar seu inimigo pessoal: publiquei um longo artigo na *New York Review of Books* em 2000 revelando como Boris Berezovsky ajudou a elegê-lo presidente. Conta-se que ele contratou terroristas chechenos para explodir blocos de apartamentos em Moscou, matando trezentas pessoas enquanto dormiam. No pânico que se seguiu, medo e raiva foram direcionados contra os chechenos com a ajuda de uma campanha cuidadosamente orquestrada na imprensa e na televisão. A invasão da Chechênia e as eleições da Duma ocorreram em uma atmosfera de histeria de guerra. Pouquíssimos candidatos a presidente ousaram se opor à invasão. Os que o fizeram foram destruídos. Yevgeni Primakov, considerado o candidato favorito para a presidência, foi derrotado. Pegando embalo com a vitória obtida nas eleições legislativas, Yeltsin, que estava sob o controle de Berezovsky, anunciou sua renúncia na véspera de Ano Novo, e Primakov se retirou da disputa, garantindo a eleição de Putin como seu sucessor. Meu artigo enfureceu Putin, mas ele não se sentia seguro o suficiente para atacar a fundação de modo direto, já que ela era muito popular. Ele encontrou o modo tortuoso que já mencionei. Depois, Putin caçou Berezovsky, expulsando-o do país — o homem buscou refúgio em Londres.

Berezovsky afirmou ter evidências incriminadoras contra Putin: um de seus subordinados supostamente havia participado da explosão dos prédios em Moscou. Berezovsky conseguiu tirar a testemunha ocular da Rússia e apresentá-la em uma coletiva de imprensa em Londres. Mas o acontecimento foi ignorado pela mídia e pelos chefes de estado, que não quiseram admitir a culpa de Putin. (Quem quer cumprimentar um presidente que tem o sangue de compatriotas nas mãos?)

Decidi dar um fim à fundação russa em 2003. Obviamente, o governo russo não merecia nosso auxílio contínuo e não tolerava nossa presença. Descobrimos outras formas de apoiar nossos beneficiários. Em 2015, fomos declarados uma organização "indesejável", e qualquer cidadão russo que negociasse conosco sofria penalidades que iam de multas a um máximo de seis anos na prisão.

Foi um final triste para um valoroso esforço filantrópico, mas não me arrependo. É óbvio que fracassamos em ajudar a Rússia a fazer a transição de sociedade fechada para aberta, mas pelo menos tentamos. Continuo a acreditar que, se os governos ocidentais tivessem seguido meu conselho, a história seria outra. Acredito também que, quando se trata de filantropia, devemos fazer a coisa certa, sendo ou não bem-sucedidos. Essa é a grande diferença entre investimentos filantrópicos e comerciais. Tenho certeza de que o trabalho da fundação foi valorizado pelo povo russo na época e terá influência positiva no longo prazo, apesar de toda propaganda contrária direcionada contra nós pelo regime de Putin.

## NOVAS OPORTUNIDADES

Permitam-me agora tratar das novas oportunidades que nos impedem de reduzir nossos gastos globais. Em 1994, chegou ao fim o apartheid na África do Sul, e Nelson Mandela foi eleito presidente. Dada nossa história com esse país, me senti na obrigação de criar uma fundação lá. De lá, fomos para outras partes da África, e nossa rede de programas também se estendeu a outros lugares do mundo. Também em 1994, o regime de Duvalier foi deposto no Haiti, e tropas norte-americanas ocuparam o país. Pensei que poderíamos ter uma fundação lá. Aryeh Neier conhecia a pessoa certa para dirigi-la, Michèle Pierre-Louis. Posteriormente, Aryeh conheceu também uma pessoa adequada para a Guatemala, cuja prolongada guerra civil terminou em 1996, oferecendo uma oportunidade para a transição democrática. Criamos uma fundação ali cuja diretoria tinha uma característica única: combinava intelectuais liberais urbanos com líderes de comunidades indígenas da zona rural.

Em 1995, conquistamos a primeira etapa proposta por nós mesmos — abrir sociedades fechadas. Então, podíamos passar para a segunda: tornar as sociedades abertas mais viáveis. As atividades da Open Society Foundations se concentravam em países estrangeiros. Era hora de fazer alguma coisa em nosso país. Refleti sobre as deficiências da sociedade aberta nos Estados Unidos e desenvolvi um plano estratégico que submeti a um grupo seleto de filósofos sociais para um exame crítico. Entre eles, estavam Seyla Benhabib, Leon Botstein, Aryeh Neier, David Rothman, Alan Ryan, Tim Scanlon e Bernard Williams.

Duas ideias eram novidade. Primeiro, valores de mercado haviam penetrado em áreas às quais não pertenciam propriamente, solapando os valores profissionais. Profissões liberais como medicina, direito e jornalismo haviam sido transformadas em negócios. A primazia dos valores profissionais precisava ser reafirmada. Em certas áreas, o medo paralisou o processo crítico e deu lugar ao surgimento de falsos dogmas caracterizados pelo preconceito e pela intolerância, que minaram os princípios da sociedade aberta. Identifiquei duas áreas assim: as atitudes dos norte-americanos em relação à morte e às políticas sobre drogas. Elas têm algo em comum: constituem problemas insolúveis e existe uma tendência compreensível de procurar falsas soluções. Muitas soluções pioram os problemas. Em ambos os casos, envolvem a recusa em aceitar que o problema existe — os médicos prolongam a vida a todo custo, e os partidários da guerra às drogas defendem a tolerância zero.

Nossos outros programas nos Estados Unidos foram fruto dos que usamos no restante do mundo: justiça social, populações vulneráveis, direitos civis e sistema de justiça criminal. A estratégia passou por um exame crítico e começamos a implementá-la. Minha preocupação principal era as duas novas ideias que eu introduzira. Fiquei feliz em delegar as outras áreas a Aryeh Neier, que sabia muito mais sobre elas do que eu.

O Projeto sobre a Morte na América foi talvez nosso programa nacional mais bem-sucedido. Deu vida a um novo campo: os cuidados paliativos no fim da vida. A atitude de negação norte-americana se aplicava tanto à profissão médica quanto ao público em geral. Descobrimos um grupo de especialistas que sabia como lidar com pacientes terminais, e eles transformaram os cuidados paliativos em disciplina médica, criando bolsas em várias instituições de saúde. Ajudaram, assim, a esclarecer o assunto para o público geral de forma mais indireta. A tentativa mais eficaz foi uma série de televisão, em cinco partes, sobre a televisão pública, feita por Bill Moyers. Não foi financiada pela Open Society Foundations, mas Moyers se apoiou no trabalho patrocinado por nós. A morte deixou de ser um tabu. Celebramos nosso sucesso retirando-nos da área quando outras fundações chegaram. Mais recentemente, porém, voltamos a ela copatrocinando uma segunda geração de projetos semeados pelo original.

Com as políticas sobre drogas, enfrentamos um desafio muito maior, porque os Estados Unidos permaneceram reféns da histérica guerra às drogas até o presidente Obama se mostrar mais um aliado do que um opositor da reforma dessas políticas em seus últimos anos na Casa Branca.

Fiquei convencido de que a guerra às drogas causou mais mal do que as próprias drogas, mas relutei em defender a legalização como solução. Isso teria ajudado os adeptos da guerra às drogas que queriam apresentar a política antidrogas como questão de uma coisa ou outra. Logo, abraçamos a "redução de danos" como princípio orientador, visando reduzir o prejuízo causado pelo uso de drogas e pelas fracassadas políticas proibicionistas. Mesmo assim, os favoráveis à legalização tentaram me pintar como um deles.

Assim como a guerra às drogas havia levado ao enorme crescimento da população prisional nas décadas de 1980 e 1990, a reforma das políticas antidrogas passou a ser a última palavra na tentativa de reduzir a quantidade de presos. Nós nos concentramos na maconha, que respondia por metade de todas as prisões. Com outros filantropos, apoiei uma iniciativa médica bem-sucedida em relação à maconha, em 1996, na Califórnia. Demos prosseguimento com outro referendo, em 2000, para exigir tratamento em vez de prisão para pequenos infratores. Isso deteve temporariamente o rápido crescimento na população prisional do estado e criou um modelo que outros estados começaram a copiar. Outras conquistas vieram, como a reforma das draconianas Leis Antidrogas Rockefeller, de Nova York, e outras leis sentenciando a pena mínima. Em 2008, a taxa prisional norte-americana começou a cair. O apoio popular à legalização da maconha para adultos aumentou de modo constante. Quando Colorado e Washington votaram pela legalização, em 2012, se tornaram as primeiras jurisdições do mundo a fazê-lo — o que foi ainda mais notável, porque os Estados Unidos foram por muito tempo os principais promotores da guerra global às drogas. Hoje a maconha é legal para fins medicinais em mais de trinta estados; e, para adultos, em dez, com outros a seguir o exemplo. Nosso foco mudou para assegurar que as pessoas e as comunidades mais prejudicadas pela guerra às drogas recebam uma parcela justa dos benefícios da legalização.

O progresso da redução de danos para a saúde pública tem sido constante, só que lento demais. Assegurar o acesso legal a seringas estéreis é crucial para reduzir o HIV e outras doenças infecciosas, e é por isso que nos tornamos a principal apoiadora privada de programas e esforços de defesa legal nessa área no fim da década de 1990, tanto nos Estados Unidos quanto no exterior. Isso foi suplementado anos mais tarde pelas tentativas de estancar a epidemia em rápido crescimento de mortes por overdose envolvendo opioides farmacêuticos, heroína e, atualmente, fentanil. Focamos em aumentar o acesso a naloxona (antídoto para overdose por opioide) aprovando leis do "Bom Samaritano" do 911 para proteger usuários de drogas que ligam para o serviço de emergência e, mais recentemente, apoiando a abertura de "salas de consumo seguras", que reduzem o risco de overdose fatal, infecções e outros problemas de saúde.

O problema das drogas mudou drasticamente desde o início da década de 2000, quando o abuso de opioides e as mortes por overdose deram um salto vertiginoso. Produtores e distribuidores de opioides legais — incluindo a Purdue Pharma, da família Sackler — foram duramente criticados, mas médicos inescrupulosos também promoveram sua distribuição. Tentativas de desencorajar o abuso de prescrições — incluindo a retirada gradual do uso entre pacientes dependentes, mudança da formulação dos medicamentos para impedir que fossem injetados e receitas rastreadas e limitadas — saíram pela culatra, levando inúmeros usuários às drogas ilegais de rua contendo fentanil, que são muito mais potentes do que a heroína e responsáveis pelo aumento da maioria dos casos de overdose.

Ao contrário de picos anteriores em mortes por overdose, cujas vítimas eram, em sua maioria, negros e hispânicos, a atual crise atingiu também as populações brancas rurais. Como constituem o curral eleitoral de Trump, ele tem um incentivo para manter a epidemia sob controle, mas está seguindo políticas equivocadas. Trump deixou de agir com dureza contra os perpetradores e de tomar medidas eficazes para ajudar as vítimas. Impor tratamento coercitivo e abrir processos judiciais por distribuição de fentanil não funciona.

Pelo lado da saúde, aumentar as medidas de redução de danos — muitas usadas na Europa, mas não permitidas nos Estados Unidos — deve ser o foco. Devemos pensar de modo criativo sobre a interação de múltiplos fatores, como os interesses dos negócios farmacêuticos, o abuso de prescrições e controle, as dificuldades econômicas causadas pelo alto preço dos medicamentos e um mercado ilegal para remédios controlados.

No front da justiça criminal, minha prioridade é reunir apoio nos Estados Unidos para descriminalizar a posse de drogas, como Portugal e alguns outros países europeus fizeram. Por fim, depois de estudar a regulamentação da cannabis, lidaremos com o desafio de regulamentar outras drogas de modo que minimizem os danos das políticas proibicionistas sem gerar aumentos significativos no problema do uso de drogas.

O projeto de reafirmar os valores profissionais teve resultados mistos. Na área jurídica, fomos muito bem-sucedidos em criar bolsas individuais para a prática do direito envolvendo o serviço público, mas não tão bem assim ao promover padrões profissionais na seleção de juízes. O processo ficou ainda mais politizado. No campo do jornalismo, patrocinamos diversas iniciativas no jornalismo investigativo, mas de resto fizemos pouco progresso em tratar dos problemas de uma profissão que é essencial a uma sociedade aberta e está atravessando uma transformação tecnológica. Na medicina, estabelecemos um instituto para proteger a profissão médica das tentações da indústria farmacêutica, mas não fomos capazes de modificar a atitude mercenária prevalecente nas associações profissionais e entre alguns médicos. O debate recente sobre a legislação do sistema de saúde demonstra a pouca compreensão existente sobre seu significado. O sistema de saúde norte-americano remunera procedimentos médicos, e não medidas de saúde preventiva. Os sistemas de saúde nacionais da Europa e do Canadá realizam um trabalho melhor, apesar de suas imperfeições, mas a assistência universal nunca cativou os Estados Unidos até as eleições de meio de mandato, em 2018. A assistência universal se tornou um componente importante da plataforma democrata em 2020, embora haja uma nítida divisão entre os democratas progressistas e os moderados, e ela continua a ser denunciada pelos republicanos como socialismo.

Meu interesse nos pontos fracos dos Estados Unidos como sociedade aberta e minha preocupação com o fracasso do Ocidente em oferecer auxílio à ex-União Soviética me levaram ao estudo das deficiências do capitalismo global. Em fevereiro de 1997, escrevi um artigo para a *Atlantic Monthly* intitulado "The Capitalist Threat", questionando os preceitos do Consenso de Washington. Após a emergente crise do mercado em 1997, expandi o tema ao escrever um livro chamado *A crise do capitalismo global*. Em 2000, escrevi outro livro, *On Globalization*, no qual defendi uma série de reformas, mas não foram levadas a sério. Uma dessas reformas — o uso dos Direitos Especiais de Saque — foi adotada, mas somente após a crise de 2008.

## UMA REDE GLOBAL

No século XXI, a Open Society Foundations se tornou global. Não teria sido viável criar fundações nacionais no mundo todo, então começamos estabelecendo fundações regionais — uma para a África Meridional, cobrindo nove países pertencentes à Comunidade da África Meridional para o Desenvolvimento (em inglês, Southern African Development Community — SADC); uma para os 18 países da África Ocidental pertencentes à Comunidade Econômica dos Estados da África Ocidental (em inglês, Economic Community of West African States — Ecowas); e uma para a África Oriental, cobrindo primeiro o Quênia e se expandindo, aos poucos, para os países vizinhos.

Após Suharto cair, criamos uma fundação na Indonésia, em 2000. Depois da invasão do Afeganistão, estabelecemos uma fundação ali, e o mesmo aconteceu no Paquistão. A fundação afegã se fortaleceu, mas nosso destino no Paquistão depende de qual governo esteja no poder. Nosso registro legal foi revogado. Pudemos trabalhar um pouco também no Iraque. Em outras partes do mundo — Oriente Médio, Sudeste Asiático e América Latina —, nossas tentativas iniciais foram menos formais, mas, conforme nosso envolvimento aumentou, resultou no estabelecimento de fundações regionais.

Além da matriz aberta que combina fundações nacionais com programas de rede, inauguramos uma nova dimensão que chamo de "rede das redes". Implica fundar organizações independentes com diretoria, lideranças e equipe próprias, trabalhando em estreita cooperação conosco. Essa passou a ser minha fórmula favorita para entrar em novos setores de atividade, pois sua capacidade para levantar fundos de outras fundações estabelece um padrão de desempenho quase objetivo, que falta em nossa própria rede de fundações próprias. Nosso apoio financeiro não deve, em teoria, exceder um terço do orçamento total, mantendo as fundações independentes. Na prática, leva vários anos para atingir essa meta. Tal abordagem foi muito bem-sucedida. Produziu organizações como a Global Witness, a ONG International Crisis Group e, mais recentemente, o European Council on Foreign Relations e o Institute for New Economic Thinking (Inet). Há muitas outras menos conhecidas ou mais recentes.

---

Em 2011, quando publiquei pela primeira vez uma versão deste ensaio, avaliei o que tinha construído até então. No geral, fiquei satisfeito, mas com duas grandes preocupações. A primeira era o que aconteceria à fundação quando o presidente, Aryeh Neier, e eu não estivéssemos mais por perto? A segunda, e mais importante, era o que mais eu conseguiria realizar antes de morrer?

Quando a criei, não queria que continuasse após minha morte. O destino de outras instituições me ensinou que estas tendem a se afastar demais das intenções de seus fundadores. No entanto, à medida que a fundação assumiu contornos mais substanciais, mudei de ideia. Percebi que dissolvê-la quando morresse seria um ato de excessivo egoísmo, o equivalente a um marajá indiano queimando as esposas em sua pira funerária. Uma série de pessoas muito capazes devota sua vida às obras da fundação e não tenho o direito de puxar seu tapete.

Mais importante, identificamos e nos especializamos em uma esfera de atividade que necessita ser conduzida para além do meu tempo de vida e cuja execução não exige minha presença. Esse nicho consiste em empoderar a sociedade civil para cobrar responsabilidade dos governos. Nos Estados Unidos, há algumas instituições, como a União Americana pelas Liberdades Civis, dedicadas à tarefa, mas, na maioria dos outros países, não. Em muitos países, pessoas ricas são dependentes demais do governo para serem capazes de oferecer tal apoio, tampouco estão motivadas a fazê-lo. Daí o nosso nicho. Também identifiquei algumas outras atividades, como proteger populações vulneráveis e oferecer proteção legal para os mais pobres, que recaem na mesma categoria. São objetivos dignos, e as fundações devem continuar com o trabalho depois que eu me for.

O que vai fazer falta quando isso acontecer é o espírito empreendedor e inovador que nos caracteriza. Tentei lidar com os problemas à medida que surgiam. Pude agir rápido e assumir grandes riscos. A diretoria que me suceder não poderá seguir meu exemplo, porque suas responsabilidades fiduciárias vão deixá-la de mãos atadas. Alguns membros tentarão permanecer fiéis às intenções iniciais da fundação, outros vão se mostrar avessos ao risco, mas um fundador que gasta o dinheiro que ele mesmo ganhou pode ser tudo, menos avesso ao risco.

A estrutura original da Open Society Foundations era complicada demais para ser preservada. Como já mencionei, nosso crescimento não foi nada planejado. Durante o período de crescimento explosivo, quando nossos gastos passaram de 3 milhões para 300 milhões de dólares, ainda nem tínhamos um orçamento. Então Aryeh Neier entrou para a diretoria e trouxe um pouco de ordem ao caos. Estabeleceu um plano orçamentário muito elaborado, que leva muito tempo para ser preparado e que precisa ser iniciado com antecedência. Nunca me interessei muito por isso. Eu estava mais interessado em agir quando a oportunidade surgisse. Consequentemente, parece haver duas fundações em uma: as iniciativas em que eu me envolvi de forma direta continuaram com um orçamento muito elástico, e a organização chefiada por Aryeh funcionava com um orçamento muito apertado. À medida que as iniciativas amadureceram, passaram das minhas mãos para as dele. As áreas de direitos humanos e civis e da justiça criminal ficaram com ele desde o início.

Nossa parceria fora muito produtiva, mas resultara em uma estrutura caótica impossível de administrar sem um de nós. Achamos que o certo seria reorganizá-la enquanto estávamos presentes. Um novo presidente precisaria de vários anos só para conhecer a organização. Por fim, a tarefa da reorganização coube à nova administração, que assumiu em 2018 e obteve um bom progresso em seus objetivos.

Eu não poderia fazer um relato adequado das nossas atividades abrangentes e variadas porque não estou por dentro de tudo o que acontece. Quando era mais jovem, costumava viajar pelas sedes o tempo todo e ficava muito inspirado com o que via. As atividades das quais eu não fazia ideia eram as melhores; as que tinham a minha atenção eram as problemáticas.

As fundações cresceram de modo orgânico ao responder às necessidades e oportunidades conforme surgiam. A meu ver, é o certo. Muitas outras fundações estão preocupadas em atender às próprias necessidades institucionais. Tentamos resistir a isso. Temos orgulho de ser uma "fundação altruísta", e isso é nossa fonte de motivação. Cooperamos com outras fundações e realizamos muito mais coisas ao *não* reclamar a posse dos projetos. Outras instituições precisam produzir sucessos a fim de levantar fundos. Nós nos damos por satisfeitos em efetivamente realizar algo, sejamos ou não reconhecidos. Paradoxalmente, essa discrição nos rendeu mais amigos e aliados do que o alarde por nossos feitos, mas também há uma desvantagem: como não fazemos propaganda dos nossos sucessos, ninguém faz isso por nós.

Conseguimos ir aonde a ação está. Em cada país, iniciamos com o apoio ao pensamento crítico ou à atividade dissidente, e agimos rapidamente quando um novo governo chega ao poder com boas intenções, mas sem conseguir dar conta do recado. Somos mais presentes do que agências de assistência oficiais muito tempo depois de os projetos serem implementados e elas darem prosseguimento a outros. O mesmo se dá com as questões de governança global: nem sempre somos os primeiros a percebê-las, mas, assim que tomamos consciência delas, permanecemos comprometidos, seja sobre mudança climática, políticas antidrogas, seja o Fundo Global de Luta contra Aids, Tuberculose e Malária.

A principal dificuldade é manter nossa rede de fundações nacionais e impedir que os programas que "legamos" fiquem estagnados. Isso exige quase tanto esforço quanto criar novos, mas minha preferência sempre foi focar nos de ponta. Daqui para a frente, sou a favor do formato "rede de redes".

## O FUTURO

Tendo decidido que a Open Society Foundations deve continuar sem mim, fiz o melhor possível para deixá-la preparada para minha ausência. Percebo, porém, que estou fadado ao fracasso, pois, se fosse bem-sucedido, entraria em contradição com meu princípio de falibilidade. Logo, deixo para os meus sucessores a tarefa de repensar quaisquer arranjos que eu possa ter deixado para trás, contanto que o façam no mesmo espírito com que os construí.

Vejo grandes oportunidades para nós. É verdade que temos muitos inimigos e detratores em diversas partes do mundo e que existe toda uma indústria empenhada na minha demonização. No entanto, estabelecemos um histórico sólido de estarmos genuinamente preocupados com o bem-estar da humanidade, além do nosso envolvimento ativo em muitas questões polêmicas e atuais. Sou o primeiro a contribuir quando temos algo valioso a oferecer, mesmo que isso exija invadir nosso fundo de dotação principal.

No nível pessoal, tenho muito orgulho dos meus inimigos. Quando olho para a lista, sinto que estou fazendo algo certo. Mesmo assim, gostaria que fosse uma lista menor, e eu e minhas fundações faremos o que for possível para diminuí-la.

---

Concluindo, permitam-me voltar à questão abordada no começo: como um egoísta e uma fundação altruísta se encaixam?

Eis uma explicação.

Quando era eu que precisava de dinheiro, formei uma visão um tanto negativa de fundações e mantive essa impressão depois de virar filantropo. Há algo inerentemente contraditório no altruísmo, mas a maioria das fundações pensa que não há necessidade de admitir ou resolver isso. Quando se distribui dinheiro, as pessoas o bajulam e tentam agradá-lo ao máximo, de modo que as contradições são obscurecidas por uma grossa camada de hipocrisia. É disso que desconfio sobre filantropia. As fundações determinam as regras, e outros devem segui-las. Os pleiteantes podem, é claro, fazer como bem entenderem. Podem dizer à fundação o que ela quer escutar e, em seguida, agir conforme seu desejo. Lembram o meu encontro com a Jewish Board of Guardians?

Bem, solucionei a aparente contradição entre um filantropo autocentrado e uma fundação altruísta. Minha consciência me tornou ciente — e também percebi como meu eu mortal é inadequado enquanto único beneficiário de tal consciência. Em outras palavras, tenho um ego muito grande — grande demais para meu eu mortal. Eu só me contento ao me identificar com algo mais permanente. Ajudar algumas pessoas, como meu pai fez, para mim não basta; quero fazer no atacado o que ele fez no varejo. Aspiro a tornar o mundo um lugar melhor capacitando as pessoas a mudá-lo. É quando minha estrutura conceitual entra em ação. Ela é produto do meu ego inflado e fonte das reformas sistêmicas que defendo. Se obtive alguns insights especiais, tenho obrigação de fazer bom uso deles. O fato de ser rico contribui para meu senso de dever. Existem pessoas ricas, pessoas que têm insights e pessoas que se importam com a humanidade, mas raramente as três qualidades se combinam em uma única pessoa. Só essa combinação satisfaz minha ambição.

Também preciso explicar a relação entre minha filosofia e meu ego. No início, os dois estavam atados por um nó. Quando comecei a escrever sobre reflexividade, fiquei ligado à ideia, porque era minha. Não conseguia esquecê-la. Fui me enrolando cada vez mais para tentar articulá-la, até que, certa manhã, não pude compreender o que escrevera na noite anterior. Levei a maior parte da vida para separar o meu ego da minha filosofia, e ambos se beneficiaram disso. Hoje minha filosofia encontra expressão no que escrevo e em minhas fundações, e meu ego pode ficar de lado, apenas apreciando.

Como minha filantropia é uma fonte de satisfação para meu ego, sinto que não mereço agradecimentos. Na verdade, eu me constrangia com manifestações de gratidão. Sentia que o ego inflado responsável por minha filantropia não teria sido socialmente aceitável se eu a ostentasse — logo, era constrangedor receber agradecimentos. Mas não me sinto mais assim. Percebo que, na verdade, ajudei muitas pessoas. É isso que elas veem, não meu ego inflado. Logo, é natural que queiram me agradecer. Aprendi a aceitar isso. Ao mesmo tempo, não vejo mais o menor motivo para sentir vergonha de ter o ego que tenho porque ele se revelou benéfico não só para mim como para muitos outros, mas um ego grande é difícil de satisfazer. Depois de ver a hipocrisia que cerca a filantropia, não posso me contentar com elogios e bajulações. Eles não me afetam. Preciso de realizações concretas. Foi assim que um egoísta começou uma fundação altruísta.

Continuo considerando a enorme diferença entre quem sou e como sou visto pelos outros fascinante e preocupante. Por isso, sinto-me forçado a dar todas essas explicações. Encaro o altruísmo e a filantropia não como deveres, mas como algo prazeroso e fonte de satisfação. Ricos podem se dar a esse luxo. Prefiro mil vezes fazer filantropia a, digamos, colecionar arte. Ela me conectou a outras pessoas e me permitiu romper meu isolamento. Uma coleção de arte não faria isso por mim. No dia em que sofri um ataque de pânico na Leadenhall Street, não achei que valesse a pena morrer em nome do dinheiro. Desde então, tenho sido ocasionalmente exposto ao perigo mortal por causa das minhas atividades filantrópicas. Não quero estar em perigo, mas estou disposto a aceitá-lo. E me dá satisfação ao me envolver em uma atividade pela qual valeria a pena morrer.

Ocupo uma posição excepcional. Meu sucesso no mercado financeiro me deu um grau de independência maior do que para a maioria. Posso me posicionar diante de questões controversas. Na verdade, sou obrigado a fazê-lo, porque em geral os ricos não podem se posicionar por causa de seus interesses comerciais. O sucesso no meu *hedge fund* me deu independência dos meus investidores. Isso me proporcionou a satisfação extra de sentir que desfruto de uma posição excepcional.

Em suma, minha filantropia me tornou feliz. O que mais eu poderia pedir? Contudo, não penso que caiba a mim impor minha escolha aos outros. Foi por isso que não me juntei a Bill Gates e a Warren Buffett na campanha de incentivo aos ricos para doar metade de suas fortunas, ainda mais porque acredito que o valor da filantropia reside não na quantidade de dinheiro devotada a ela, mas em como ele é gasto.

Não sou santo, tampouco pretendo sê-lo. Não consigo pensar em nada mais antinatural e inglório do que a abnegação. Por outro lado, considero uma fundação altruísta extremamente valiosa. A maioria das pessoas participa de assuntos públicos por motivos egoístas, tendendo a se agarrar a qualquer poder ou influência que os atinja. Além disso, muitas vezes é difícil convencê-las a não atrapalhar quando se encontra uma solução satisfatória.

Existem dois obstáculos para encontrar os arranjos ideais: um é o entendimento imperfeito; o outro é a influência de interesses especiais que entram em conflito com o interesse comum. Uma fundação altruísta está sujeita à primeira restrição, mas livre da segunda. Isso lhe proporciona grande valor de escassez.

Tomei por princípios perseguir meus interesses financeiros obedecendo apenas às limitações legais e éticas, e servir o interesse público como intelectual público e filantropo. Se os dois entram em conflito, ganha o interesse público. Não hesito em defender políticas que estejam em conflito com os meus interesses financeiros. Não tenho dúvidas de que nossa democracia funcionaria melhor se mais pessoas pensassem assim. Se elas se importam com uma democracia plena, deveriam fazê-lo mesmo que outros não pensem igual. Poucas pessoas poderiam fazer uma grande diferença. Ajudariam a tornar o mundo um lugar melhor.

Capítulo 3

# A UNIVERSIDADE CENTRO-EUROPEIA (CEU) E SEU FUTURO

*"Uma universidade leva seus princípios e suas responsabilidades sociais a sério"*

Criei a Universidade Centro-Europeia (CEU) como uma escola de pós-graduação para ciências sociais e humanas em 1991.

Com o sistema soviético, os cientistas eram relegados às academias de ciência. Considerados críticos do regime, a maioria não tinha permissão de lecionar nas universidades para não envenenar a mente de alunos com sua busca pela liberdade de pensamento e de pesquisa. Alunos de ciências promissores em escolas de elite tinham a chance de ser admitidos em academias científicas, mas, uma vez lá, em geral eram impedidos de dar aulas. Conforme o regime enfraquecia, o clamor dos cientistas sociais por acesso aos estudantes aumentava.

A primeira brecha nessa segregação ocorreu na Iugoslávia de Tito em 1970. O reitor da Universidade de Zagreb, Ivan Supek, físico e ex-aluno de Werner Heisenberg, fundou o Inter-University Center (IUC) em Dubrovnik. O IUC convidou acadêmicos e estudantes do Oriente e do Ocidente. Apesar de a Iugoslávia ser uma nação não alinhada ao regime soviético, os orientais tinham mais chance de obter permissão para viajar para Dubrovnik do que, digamos, para Oxford. Supek também visitou Bill Newton-Smith, um filósofo da ciência que, na época, estava encarregado dos alunos de pós-graduação no Balliol College, em Oxford, e mais tarde se tornou o primeiro presidente da

CEU. Supek pediu a ele que atraísse participantes ocidentais para o IUC, especificamente de Oxford.

O IUC prosperou. Newton-Smith me falou sobre o centro e fiquei interessado. Forneci fundos para aumentar a participação de Oxford e, a partir de meados da década de 1980, também ofereci bolsas para alunos e professores pesquisadores do Leste Europeu participarem dos programas de verão. Visitei Dubrovnik em abril de 1989, poucos meses antes da queda do Muro de Berlim. Compareci a aulas, conversei com alunos e professores orientais e ocidentais, e gostei do que vi. À noite, eu me encontrava com os professores titulares — a maioria era dos países comunistas. Todos insistiram para que eu fundasse uma nova universidade de pós-graduação, que seria uma ponte entre eles e aqueles que desejavam como alunos. A única discordância era a localização. Não surpreende que os húngaros pedissem que ficasse em Budapeste; os tchecos, em Praga; e os poloneses, em Varsóvia. Era óbvio que uma Universidade Centro-Europeia precisaria de três *campi*.

A ideia me atraía, mas hesitei. Até então, eu me especializara em reorientar as atividades de instituições já existentes, como a Karl Marx University of Economics, em Budapeste, ou em reformar as ementas de ciências sociais lecionadas nas universidades do Leste Europeu, e não em construir novas instituições. Não me agradava gastar dinheiro com tijolos e argamassa.

Fundar uma nova universidade com três *campi* era uma proposta dispendiosa. Eu não queria ser o único patrocinador — não só pelos gastos, mas, mais importante, por uma questão de princípio: ter um único patrocinador poria em risco a independência da instituição. A partir daí, segui o mesmo princípio ao criar outras instituições, como o Crisis Group, o European Council on Foreign Relations e o Institute for New Economic Thinking: tentei limitar minha contribuição a um terço.

Contudo, logo descobri que evitar gastar muito com obras era um grande erro. O primeiro-ministro tcheco, Petr Pithart, nos ofereceu um edifício de dez andares quase finalizado em Praga. Fora planejado para uso dos sindicatos, mas eles ficaram politicamente desacreditados no período da transição pós-revolucionária. Descobrimos que parte do prédio fora oferecida para o Centro de Pesquisa Econômica e Pós--Graduação (em inglês, Center for Economic Research and Graduate Education), chefiado por Jan Svejnar, um economista tcheco que retornara recentemente dos Estados Unidos. Logo chegamos a um acordo amigável. O centro se tornou o departamento de economia da CEU e, por um período, foi o mais bem conduzido. Infelizmente, Pithart foi derrotado no ano seguinte, e seu cargo foi ocupado por Václav Klaus, um neoliberal e fundamentalista do livre mercado que me considerava socialista. Ganhei um inimigo para toda a vida.

Em janeiro de 1993, enquanto a Tchecoslováquia se dissolvia, Klaus afirmou que uma ilusão de ótica finalmente desaparecera do mapa: a República Tcheca não tinha mais nada a ver com a Europa Central. Uma de suas primeiras medidas foi nos expulsar do prédio.

O governo Slovak também me prometera um edifício na mesma época que Petr Pithart, mas, quando resolvi aceitar, descobri que o prédio estava destinado a servir como o Parlamento de Slovak. O governo nos ofereceu outro local onde uma nova universidade poderia ser construída do zero, mas isso teria demorado demais para o meu gosto. Eu queria que a universidade tirasse vantagem do momento revolucionário e começasse a operar imediatamente.

Erhard Busek, vice-chanceler da Áustria, era um entusiasta da sociedade aberta. Ele queria levar a CEU para Viena, mas, quando demos uma olhada com mais atenção em sua oferta, descobrimos que esta consistia em bolsas e vários serviços em espécie. Teríamos de comprar um edifício. (É irônico que vinte e cinco anos depois nos encontramos na mesma situação em Viena.)

Felizmente, o governo polonês não tinha nenhum edifício a oferecer. Nossa sócia, a Escola de Sociologia, que gozava de reputação internacional, virou o departamento de sociologia da CEU. Isso nos deixou com a Hungria.

O governo húngaro nos ofereceu o Campo Jovem Pioneiro porque não havia mais jovens pioneiros. Era uma bela construção pastoral situada em uma região arborizada nas colinas acima de Buda. Bill Newton-Smith gostou muito do lugar, mas ficava a cerca de uma hora de baldeação do centro da cidade, e os implementadores húngaros da CEU afirmaram que a nova universidade seria marginalizada se ficasse longe da cidade, tanto em termos de distância quanto intelectualmente.

Segundo um acordo que a Hungarian Soros Foundation firmara com as autoridades do país em 1984, o governo da Hungria prometeu apoiar projetos de reforma conjunta pagando anualmente o equivalente em florins para cada dólar que eu gastasse acima de 3 milhões no país. No entanto, o enorme déficit orçamentário do governo e a dívida do país o impediram de cumprir a promessa. Quando começamos a procurar um prédio adequado em Budapeste, o governo propôs, em vez de suas obrigações financeiras, facilitar a compra de um edifício estatal para a universidade. Foi assim que acabamos possuindo um pequeno palácio aristocrático no centro de Budapeste. O palácio servira como quartel-general da inteligência militar após a Segunda Guerra Mundial, de modo que não ficamos surpresos quando descobrimos buracos ocultos nas portas das celas. Era onde os criminosos de guerra mais importantes ficavam presos durante o julgamento, entre eles Ferenc Szálasi, chefe da Cruz Flechada, o Partido Nazista húngaro, que mais tarde foi publicamente executado.

Em 1994, percebi o grave equívoco que cometera ao esperar que algum governo cedesse um prédio para a CEU. Comprei aproximadamente a metade das construções naquele quarteirão e recebi permissão de erguer um arranha-céu moderno ali.

Também percebi como é importante para uma universidade ter um lar do qual possa se orgulhar. Muitos anos mais tarde, durante a reitoria de John Shattuck, um estudioso legal internacional, protetor dos direitos humanos e diplomata, contratamos um extraordinário estúdio de arquitetura irlandês, o O'Donnell+Tuomey. Eles ganharam a Medalha de Ouro do Royal Institute of British Architects, e Sheila O'Donnell foi premiada como Arquiteta do Ano de 2019 por seu trabalho no campus da CEU.

---

A ideia de uma nova universidade de ciências sociais e humanas foi apoiada com entusiasmo pelos novos políticos liberais, que haviam combatido o regime comunista nas décadas precedentes. A lista incluía Václav Havel; Árpád Göncz, recém-eleito presidente da Hungria; e Bronislaw Geremek, renomado acadêmico de estudos medievais e futuro ministro do Exterior polonês.

Nem eu, nem muito menos os que incumbi de criar a universidade sabiam como fazê-lo. Éramos todos amadores. O primeiro problema era obter a acreditação (aprovação para funcionar como entidade de ensino). O processo teria sido longo e arrastado, e eu queria que a CEU começasse a operar imediatamente. Um membro do comitê executivo, Paul Flather, teve uma ideia engenhosa. Ele descobriu que não havia universidades em Luxemburgo na época e, consequentemente, se usássemos a palavra "universidade" não haveria restrição legal. Criamos uma fundação em Luxemburgo chamada Universidade Centro-Europeia e imprimimos documentos que aparentavam ser importantes para atestar o fato. Então, começamos a recrutar professores e alunos mesmo sem acreditação.

Como nenhum de nós tinha experiência em criar uma universidade, relegamos a acadêmicos empreendedores e cheios de energia a montagem dos departamentos individuais. Talvez a CEU seja a única universidade moderna criada por aqueles que seriam seus professores

— como resultado, tivemos departamentos funcionando antes mesmo de a universidade ser fundada. O renomado historiador húngaro Peter Hanák iniciou um departamento de história comparativa moderna. O ainda mais respeitado historiador medieval Gabor Klaniczay criou um departamento de história medieval que ficou famoso por estudar as principais religiões medievais e suas interações: o cristianismo bizantino e latino, o judaísmo e o islã. András Sajó, um estudioso constitucional que mais tarde se tornou vice-presidente do Tribunal Europeu de Direitos Humanos, junto com George Fletcher, um estudioso de direito criminal da Universidade Columbia, começou um programa de estudos legais, com foco nas questões prementes do constitucionalismo e da justiça de transição. O famoso antropólogo social Ernest Gellner, amigo íntimo de Karl Popper, lançou um programa de estudos de nacionalismo. Nada mal para uma universidade principiante!

Fomos inundados com eruditos e especialistas que vieram dar palestras e cursos de curta duração. Contra as probabilidades, a CEU abriu suas portas em Praga em setembro de 1991. Karl Popper visitou o que restava do campus de Praga em 1994, e eu estava lá para dar a ele o primeiro "Prêmio Sociedade Aberta" da CEU.

Tal solução era provisória e precisávamos encontrar acreditação apropriada. O sempre engenhoso Paul Flather procurou nos Estados Unidos e descobriu que o estado de Nova York não exigia que uma universidade reconhecida pelo governo estadual fosse localizada fisicamente no estado. É assim que a famosa American University em Beirute opera há mais de um século e meio. Entramos com o pedido no New York State Board of Regents, que foi aceito. Esse foi o início da associação da CEU com Leon Botstein, presidente do Bard College, que nos guiou pela burocracia envolvida no pedido. Depois, ele se tornou presidente da diretoria da CEU, cargo que ocupa até hoje.

Nos primeiros anos de existência, a CEU operou em três lugares. Alguns departamentos (economia, estudos europeus, relações internacionais, estudos de nacionalismo, história da arte) se localizavam em Praga, com Jiri Musil, sociólogo urbano e um dos assessores de Václav Havel, como diretor da faculdade. História, estudos medievais, ciências políticas, ciências ambientais, estudos legais e de gênero e, mais tarde, filosofia e matemática ficavam em Budapeste, onde o historiador István Rév era diretor. Ele também criou os Open Society Archives, que contêm a mais rica coleção de publicações *samizdat*. A CEU montou seu programa de sociologia em Varsóvia, em cooperação com a Escola de Pós-Graduação de Pesquisa Social da Academia Polonesa de Ciências.

No início da década de 1990, fundamos um programa ambiental em Budapeste sob a liderança de Sir Richard Southwood, vice-chanceler de Oxford, que era uma autoridade em ecologia, riscos de radiação e controle de poluição. Esse se tornou um dos principais programas de ensino na área, muito procurado pelos alunos. Pouco a pouco, todos os departamentos gravitavam em torno de Budapeste.

A existência de departamentos independentes criou imensos problemas mais tarde, quando a universidade se estabeleceu devidamente. O primeiro presidente de fato, Bill Newton-Smith, teve de lidar com as idiossincrasias de cada departamento: diferentes exigências de contratação, estilos individuais de avaliação dos alunos e até datas diferentes para o fim dos semestres. Presidentes posteriores tiveram de superar a resistência de chefes de departamento aferrados a suas posições.

Também pelo lado negativo, Newton-Smith não atendeu às minhas exigências para *matching funds*. Não foi culpa dele. Em 1992, fiquei conhecido como o "homem que quebrou o Banco da Inglaterra". Depois disso, ninguém queria dar dinheiro para a CEU. Um sujeito que ganhou mais de 1 bilhão de dólares em um dia certamente teria como bancá-la sozinho. Tive de aceitar esse fato e, no fim das contas, ser o único financiador. Além do mais, meus princípios acabaram por me obrigar a fazer uma dotação maior para que a universidade fosse independente de mim. Isso levou o grosso do dinheiro que eu ganhara "quebrando o Banco da Inglaterra".

A diretoria da CEU nomeou Yehuda Elkana como presidente e reitor em 1999. Seu mandato de dez anos marcou uma transformação significativa da universidade. Nascido na Hungria, Elkana foi um sobrevivente do Holocausto que se tornou líder do movimento pela paz em Israel. Era um pensador, estudioso e educador. Foi também um líder visionário. Profundamente comprometido com a missão da sociedade aberta da CEU, acreditava que, para uma universidade ser reconhecida como tal, precisa realizar um trabalho de pesquisa sério. Em poucos anos, ele transformou a CEU em uma universidade voltada para sua missão e também muito forte em pesquisa. E me convenceu de que ela devia pouco a pouco se tornar global, não permanecendo confinada exclusivamente ao centro e ao leste da Europa. Elkana foi o primeiro a propor a ideia de que a CEU é pequena e isolada demais para sobreviver e prosperar sozinha, e que precisaria de uma rede mundial para superar essa desvantagem. Hoje, a CEU tem alunos em mais de cem países.

Em uma reunião, em 2009, perguntei o que mais eu poderia fazer para ajudar. Sua resposta foi que eu deveria deixar a presidência da diretoria e dobrar a doação. Estou seguindo seu conselho. Aumentando a doação da CEU, garanto sua estabilidade financeira, excelência acadêmica e alcance global. Espero desempenhar um papel-chave na inovação do ensino superior mediante a criação de elos supranacionais entre as instituições e a proteção da liberdade acadêmica para estudiosos e alunos do mundo todo.

---

Meu objetivo era criar uma universidade que levasse seus princípios e suas responsabilidades sociais a sério.

A CEU se tornou essa universidade. Conforme investia nela somas cada vez maiores, investi igualmente em um Programa de Apoio ao Ensino Superior (em inglês, Higher Education Support Program — Hesp). A CEU estava sugando os melhores talentos do sistema educacional existente — a tarefa do Hesp era repor esses talentos. Quando minha ajuda anual à CEU atingiu 20 milhões de dólares, fixei minha contribuição anual para o Hesp no mesmo patamar.

O programa tinha a própria diretoria e, no início, a administração era independente da CEU, mas é claro que ambas cooperavam. Aos poucos, ficou difícil de identificar os limites dessa separação e, por fim, os dois praticamente se fundiram. Na época, a CEU fizera o suficiente para que o sistema público não precisasse da ajuda do Hesp — sobretudo ao reciclar professores que trabalhavam para o estado. O Hesp se concentrou no desenvolvimento do ensino superior, incluindo desenvolvimento curricular, mobilidade docente, cursos de verão e autonomia e administração das universidades.

---

Os participantes do seminário de Dubrovnik, em 1989, defendiam o uso da universidade medieval de Bolonha como modelo para uma nova universidade. A Universidade de Bolonha original foi uma escola multinacional e multiétnica em que os alunos, vindos na maioria de países do sul e do leste da Europa, estudavam juntos. Eles tinham um idioma comum, não porque todos entendiam latim, mas porque podiam entender uns aos outros. Bolonha educava uma elite regional capaz de dialogar entre si porque as pessoas se conheciam.

Os anos de fundação da CEU coincidiram com a eclosão das guerras na Iugoslávia. Os estudantes iugoslavos se dispersaram por toda a Europa, separados de suas famílias e sem recursos financeiros. Fornecemos bolsas a eles para frequentarem a CEU. Em um momento em que servos e croatas pararam de conversar entre si em servo/croata, fingindo que falavam línguas diferentes, os alunos na CEU continuaram a dialogar em inglês, falado nas aulas. Apesar dos viciosos conflitos armados e do genocídio em Srebrenica, a CEU não testemunhou um único incidente de violência física.

Tivemos alunos chechenos e russos, israelenses e palestinos, afegãos e norte-americanos, chineses e taiwaneses. Eles diferiam, discordavam, debatiam — mas o diálogo nunca era interrompido. Viver e estudar juntos, discutindo entre si e aprendendo a pensar criticamente, ajudou-os a ouvir o outro e a se manter envolvidos.

---

A CEU tem sido um grande sucesso. Já formou 1.600 alunos de todas as partes do mundo. Para muitos, foi a única chance de obter acesso a um ensino de pós-graduação. Quando voltam para seus países, muitas vezes ocupam posições de liderança em democracias em desenvolvimento. É disso que mais me orgulho.

Ao longo dos anos, a CEU sempre defendeu o princípio da liberdade acadêmica e, mais recentemente, lutou contra um ataque orquestrado pelo primeiro-ministro Viktor Orbán, que empregou todos os poderes do seu "estado mafioso" para destruir por completo o sistema de ensino superior húngaro e expulsar a CEU do país. A luta épica da universidade contra um regime repressivo, liderada pelo atual reitor, o eminente intelectual público canadense Michael Ignatieff, recebeu apoio no mundo todo. A batalha continua.

A CEU foi forçada a mudar seus cursos aceitos nos Estados Unidos para Viena, mas pretende permanecer em Budapeste. Professores e alunos de diversas universidades, assim como muitos cidadãos húngaros, várias vezes tomaram as ruas para se manifestar em solidariedade à CEU, e nos sentimos moralmente obrigados a retribuir.

Manter dois *campi* e mudar para Viena, onde o custo de vida é muito mais alto, praticamente dobrará seu custo de manutenção. Ao mesmo tempo, a CEU deve competir por professores e alunos com universidades públicas, que são subsidiadas pelo estado e cobram mensalidades baixas ou são gratuitas. A Open Society Foundations apoia a CEU, mas também precisa atender a muitas outras demandas urgentes e, em todo caso, seus recursos são insignificantes em comparação aos de um estado. Isso criou um problema aparentemente insolúvel.

Conseguiremos sobreviver apenas se pudermos oferecer algo extraordinário e talvez único, capaz de atrair verbas não só da Open Society Foundations como também de outras fontes. Hoje já estamos entre as cem melhores universidades mundiais em ciências sociais e humanas, e somos uma das maiores recebedoras de bolsas para pesquisa da União Europeia nos campos em que atuamos. No entanto, devemos mirar ainda mais alto.

A solução é transformar a CEU em algo único: uma rede de universidades mundialmente conectadas que atenda às exigências do século XXI. Para isso, vamos precisar do apoio de muitos doadores além da Open Society Foundations.

Já temos os tijolos necessários para a construção, só precisamos uni-los. A CEU, que é uma universidade de graduação e pós-graduação, já colabora de perto com o Bard College, que é mais voltado à graduação. Ambos receberam apoio da Open Society Foundations e cooperaram entre si por mais de duas décadas. Precisamos fazer disso um acordo de cooperação obrigatório. Tanto o Bard quanto a CEU têm uma rede de faculdades, universidades e outras instituições associadas, e uma lista feita em ambas na maioria das vezes se sobrepõe. A combinação de um ensino de graduação baseado na maior parte no Bard com um ensino de pós-graduação e de educação continuada desenvolvido na CEU deverá ser bastante gratificante.

O estudante norte-americano está acostumado a doar para sua *alma mater*. Ter um ensino único, global e conduzido inteiramente dentro da rede CEU-Bard deve um dia torná-lo, em grande medida, autofinanciado. Outros doadores, por sua vez, podem considerar isso tranquilizador.

O campus nova-iorquino da CEU, atualmente ainda em estágio rudimentar, também necessita se desenvolver a fim de oferecer aos doadores uma oportunidade de conhecer melhor a universidade. A Open Society Foundations, porém, não pode desviar seus tão requisitados recursos para isso; a expansão desse campus tem de ser custeada por doações desde o início.

Nossa tarefa é desenvolver uma Rede de Universidades da Sociedade Aberta (em inglês, Open Society University Network — Osun), que será receptiva a instituições que não pertencem à atual rede CEU-Bard, mas manifestaram interesse em se juntar a ela. Essa rede impressionante será composta de universidades progressistas e reconhecidas no mundo todo. A rede já conta conosco nos estados (Nova York e Califórnia) e na Europa (Berlim, Viena e Budapeste), assim como na Rússia (São Petersburgo e Moscou), na Ásia Central (Bishkek), no Oriente Médio (Al-Quds em Jerusalém Oriental) e no Leste Asiático (China, Myanmar e Vietnã). O Bard College também levou o ensino superior a prisões e *early colleges* (faculdades para alunos precoces).

Estou ansioso em desenvolver a cooperação já existente com a Universidade do Estado do Arizona (em inglês, Arizona State University — ASU). A ASU é uma instituição de ponta no ensino a distância e semipresencial e, mais amplamente, na melhoria do acesso ao ensino superior. Isso é de enorme interesse para a Osun, que planeja desenvolver uma rede mundial de universidades. A atual liderança da ASU também partilha dessa ideia de responsabilidade social e está preparada para nos ajudar a desenvolver o ensino a distância e semipresencial, nos quais a CEU e o Bard são menos avançados. Esse tipo de ensino combina aulas on-line e mídias eletrônicas com mentoria presencial.

A Osun será inovadora e única. Muitas universidades norte-americanas de ponta estabeleceram colônias acadêmicas fora do país (por exemplo, a Universidade de Nova York em Abu Dhabi), onde se espera que a colônia de além-mar auxilie na missão e, muitas vezes, no balanço da instituição fundadora. A Osun será uma parceria entre iguais firmada para benefício mútuo. Será a primeira universidade verdadeiramente global e proporcionará um modelo alternativo de cooperação internacional.

Quando seu fundador houver partido, a Osun será rebatizada de Soros University Network. É um projeto ambicioso. Contudo, se há alguém capaz de transformar a Osun em realidade, é a CEU-Bard em sua nova encarnação. Ela atenderá às exigências de uma universidade em rede global para o século XXI e, ao mesmo tempo, ajudará as sociedades abertas a enfrentar seus inimigos — contanto que seja capaz de mobilizar apoio suficiente.

Capítulo 4

# A CRISE FINANCEIRA MUNDIAL E SUAS CONSEQUÊNCIAS

*"Um resgate mais bem-feito era possível"*

(Trecho de *The Crash of 2008 and What It Means*)

## A CRISE DE 2008

A falência do Lehman Brothers no dia 15 de setembro de 2008, uma segunda-feira, foi um acontecimento que mudou tudo. Até então, sempre que o sistema financeiro se encontrava perto de um colapso, as autoridades intervinham. Dessa vez, não. As consequências foram desastrosas. Os *Credit Default Swaps* (CDSs) subiram à estratosfera e o American International Group (AIG), que realizou uma grande venda a descoberto em CDSs, enfrentava calote iminente. No dia seguinte, terça-feira, o secretário do Tesouro norte-americano, Henry Paulson, teve de voltar atrás e auxiliar a AIG, embora nos termos mais punitivos, mas o pior ainda estava por vir. O Lehman era um dos principais formadores do mercado em papéis comerciais e um importante emissor. Um fundo de mercado monetário independente tinha papéis do Lehman e, sem uma grande reserva de dinheiro à qual recorrer, teve de "quebrar o dólar", parar de resgatar suas ações ao par. Isso causou pânico nos depositantes e, na quinta-feira, houve uma corrida desenfreada aos fundos de mercado monetário. O pânico se espalhou pelo mercado de ações. O Federal Reserve teve de estender uma garantia a todos os fundos de mercado monetário, a venda a descoberto de ações financeiras foi suspensa, e o Tesouro anunciou um pacote de resgate de 700 bilhões de dólares para o sistema bancário. Isso proporcionou um alívio temporário ao mercado de ações.

Esse pacote de resgate foi mal concebido. Para ser mais preciso, não foi sequer concebido. Por mais estranho que pareça, o secretário do Tesouro simplesmente não estava preparado para as consequências de suas medidas quando deixou o Lehman Brothers quebrar. Quando o sistema financeiro ruiu, ele teve de correr para o Congresso sem saber como usar o dinheiro requisitado e com um plano apenas rudimentar para criar algo como a Resolution Trust Corporation, que comprou e depois se livrou dos ativos das instituições de poupanças e empréstimos que faliram na crise de poupanças e empréstimos da década de 1980. Paulson pediu total discrição e imunidade contra ações na justiça. Não surpreende que o Congresso não tenha aceitado. Inúmeras vozes, incluindo a minha, argumentaram de modo convincente que o dinheiro seria mais bem gasto injetando liquidez nos bancos em vez de tirar os ativos tóxicos das mãos deles. No fim, o secretário aceitou a ideia, mas não a executou adequadamente. Delineei como deveria ter sido executada em um artigo publicado no *Financial Times* em 24 de setembro de 2008.

A situação do sistema financeiro continuou a se deteriorar. O mercado de papel comercial desacelerou e estagnou, a Libor (London Interbank Offered Rate) subiu, os *swaps spreads* aumentaram, os CDSs explodiram, e os bancos de investimento e outras instituições financeiras sem acesso direto ao Federal Reserve não conseguiam obter crédito da noite para o dia ou em curto prazo. Então, o Federal Reserve teve de oferecer um socorro atrás do outro. Foi nesse clima que o Fundo Monetário Internacional (FMI) realizou sua reunião anual em Washington, iniciada em 11 de outubro de 2008. No dia seguinte, 12 de outubro, os líderes europeus foram embora cedo e se reuniram em Paris. Lá, decidiram, na prática, assegurar que nenhuma grande instituição financeira europeia fracassasse. No entanto, não chegaram a um acordo sobre como fazer isso de forma coletiva, e cada país elaborou os próprios arranjos. Os Estados Unidos seguiram seu exemplo logo depois.

Tais arranjos causaram um efeito colateral involuntário no mundo todo: lançaram pressão adicional sobre os países que não podiam estender garantias similarmente confiáveis para suas instituições financeiras. A Islândia já entrara em colapso antes. O maior banco da Hungria foi sujeitado a um *bear raid*, e as moedas e os mercados de títulos do governo húngaro e de outros países do Leste Europeu despencaram. O mesmo aconteceu com Brasil, México, Tigres Asiáticos e, em menor escala, Turquia, África do Sul, China, Índia, Austrália e Nova Zelândia. O euro afundou e o iene disparou. O dólar se fortaleceu com base no índice ponderado pelo comércio. O crédito comercial nos países periféricos secou. O sobe e desce abrupto das moedas fez vítimas. Os principais exportadores brasileiros se acostumaram a vender opções contra sua moeda valorizada e foram à falência, precipitando uma minicrise local.

Todos esses acontecimentos ao mesmo tempo tiveram um tremendo impacto no comportamento e nas atitudes dos consumidores, dos negócios e das instituições financeiras pelo mundo. O sistema financeiro estava em crise desde agosto de 2007, mas o público em geral mal percebeu e, com algumas exceções, os negócios continuaram como de costume. Tudo mudou nas semanas subsequentes a 15 de setembro de 2008. A economia global despencou, o que ficou evidente quando as estatísticas para outubro e novembro começaram a aparecer. O efeito riqueza foi gigantesco. Os fundos de pensão, as doações a universidades e as instituições de caridade perderam de 20% a 40% de seus ativos em dois meses — e isso antes que o escândalo de 50 bilhões de dólares de Bernard Madoff fosse exposto. O pensamento geral autorreforçador de que presenciávamos uma longa e profunda recessão, talvez chegando a ponto de uma depressão, começou a se espalhar.

O Federal Reserve reagiu com vigor, cortando sua taxa de fundos a praticamente zero em 16 de dezembro de 2008 e iniciando uma flexibilização quantitativa. O governo Obama preparou um pacote de estímulo fiscal de dois anos na faixa dos 850 bilhões de dólares.

A reação internacional foi mais fria. O FMI aprovou uma nova facilidade que permite aos países periféricos, em boa condição financeira, tomar emprestado cinco vezes sua cota sem condicionalidade, mas as quantias são ridículas, além de ainda pairar a possibilidade de um estigma. Como resultado, a facilidade permanece sem ser usada. O Federal Reserve abriu *swap lines* com México, Brasil, Coreia e Cingapura, mas o presidente do Banco Central Europeu, Jean-Claude Trichet, atacou a irresponsabilidade fiscal, e a Alemanha se manteve contra a geração de dinheiro em excesso, que poderia preparar o terreno para futuras pressões inflacionárias. Essas atitudes divergentes são um exemplo de como a ação internacional de comum acordo pode ser extremamente difícil, e também podem causar amplas oscilações nas taxas de câmbio.

Em retrospecto, a falência do Lehman Brothers é comparável à quebra dos bancos ocorrida na década de 1930. Como deixaram isso acontecer? As autoridades financeiras são as responsáveis diretas, sobretudo o Tesouro e o Federal Reserve. Eles argumentam que estavam legalmente de mãos atadas, mas essa é uma desculpa esfarrapada. Em uma emergência, podiam e deviam ter feito todo o necessário para impedir o sistema de desmoronar. Foi o que fizeram em outras ocasiões. O fato é que deixaram acontecer. Por quê?

Gostaria de fazer uma distinção entre o secretário do Tesouro, Paulson, e o presidente do Federal Reserve, Ben Bernanke. Paulson estava no comando porque o Lehman Brothers, como banco de investimento, não ficava sob a égide do Federal Reserve. A meu ver, Paulson relutava em recorrer ao "dinheiro do contribuinte" porque sabia que isso implicaria maior controle do governo. Ele era um fundamentalista do mercado legítimo. Acreditava que os mesmos métodos e instrumentos que deixaram os mercados com problemas poderiam ser usados para tirá-los deles. Isso levou a seu plano abortado de criar um super-SIV (veículo de investimento especial) para substituir os SIVs falidos. Ele seguia a doutrina de que os mercados têm mais capacidade de se ajustar do que qualquer participante individual. Chegando seis meses após a crise Bear Stearns, ele deve ter pensado que os mercados tiveram sinais suficientes para se preparar para a falência do Lehman Brothers. Por isso não tinha um plano B quando os mercados quebraram.

Ben Bernanke era menos ideólogo, mas, talvez por ter vindo do mundo acadêmico, foi pego de surpresa pelo estouro da superbolha. No começo, declarou que a bolha hipotecária era um fenômeno isolado capaz de causar perdas de até 100 bilhões de dólares, o que poderia ser absorvido. Não percebeu que a teoria do equilíbrio tinha uma falha fundamental e, como consequência, não pôde prever o fracasso rápido e sucessivo dos vários métodos e instrumentos fundamentados na falsa suposição de que os preços se desviam de um equilíbrio teórico de forma aleatória. Mas ele aprendia rápido. Quando viu acontecer, reagiu baixando drasticamente as taxas de juros, primeiro em janeiro de 2008 e outra vez em dezembro. Infelizmente, seu aprendizado começou tarde demais, e ele esteve sempre atrasado no real curso dos acontecimentos. Foi assim que a situação saiu do controle.

Em um nível mais profundo, a derrocada do Lehman Brothers contradiz a hipótese do mercado eficiente. Meu argumento causará controvérsia, mas toca em algumas questões muito interessantes. Cada um de seus três passos conduz o leitor por um terreno pouco familiar.

O primeiro passo é admitir que há uma assimetria entre operar vendido ou comprado no mercado de ações. (Operar vendido significa que você possui a ação; operar comprado, que você vende uma ação que não tem.) Operar vendido tem potencial ilimitado no *upside*, mas exposição limitada no *downside*; operar comprado é o contrário. A assimetria se manifesta da seguinte forma: perder em uma posição comprada reduz o risco de exposição, enquanto perder em uma posição vendida o aumenta. Consequentemente, é possível ser mais paciente operando vendido de forma equivocada do que operando comprado. A assimetria serve para desencorajar a venda de ações a descoberto.

O segundo passo é compreender os CDSs e admitir que o mercado de CDS oferece um modo conveniente de operar comprado. Nesse mercado, a assimetria risco-recompensa funciona ao contrário do mercado de ações. Operar vendido comprando um contrato de CDS comporta risco limitado, mas potencial de lucro ilimitado; por outro lado, a venda de CDSs oferece lucros limitados, mas riscos praticamente ilimitados. A assimetria encoraja a especulação no comprado, o que exerce pressão de cima para baixo nas obrigações subjacentes. Quando se espera um acontecimento adverso, o efeito negativo pode ser esmagador, porque os CDSs tendem a ser precificados como garantias, e não como opções: as pessoas os compram não porque esperam um eventual calote, mas porque esperam que os CDSs valorizem em caso de acontecimentos adversos. Nenhuma arbitragem consegue corrigir a má precificação. Isso pode ser percebido no caso dos títulos dos governos norte-americano e britânico: o preço real das obrigações é muito mais elevado do que o preço sugerido pelos CDSs. Essas assimetrias são difíceis de conciliar com a hipótese do mercado eficiente.

O terceiro passo é levar em conta a reflexividade e admitir que a má precificação dos instrumentos financeiros pode afetar os fundamentos que os preços de mercado deveriam refletir. Em nenhum lugar esse fenômeno é mais pronunciado do que no caso das instituições financeiras, cuja capacidade de fazer negócios é tão dependente de convicção e confiança. Uma queda no preço de suas ações e obrigações pode aumentar seus custos de financiamento. Isso significa que *bear raids* em instituições financeiras podem ser autovalidadores, o que entra em contradição direta com a hipótese do mercado eficiente.

Em conjunto, essas três considerações nos levam a concluir que o Lehman Brothers, a AIG e outras instituições financeiras foram destruídos por *bear raids* em que a venda a descoberto de ações e a compra de CDSs se amplificaram e se reforçaram mutuamente. A venda a descoberto ilimitada se tornou possível pela revogação da regra do *uptick*, que teria entravado *bear raids* ao permitir que se operasse vendido somente quando os preços estivessem subindo. Esse "comportamento" foi facilitado pelo mercado de CDSs. Os dois juntos constituem uma combinação letal. Foi isso que a AIG, uma das seguradoras mais bem-sucedidas do mundo, não entendeu. Seu negócio era vender seguros. Quando a companhia via um risco muito mal precificado, ela o assegurava com afã, na crença de que a diversificação do risco o reduziria. A AIG esperava fazer uma fortuna em longo prazo, mas foi destruída em curto prazo porque não se deu conta de que não estava vendendo seguros, mas garantias para a venda a descoberto.

Meu argumento se presta à pesquisa empírica. A evidência mostra que o mercado de CDSs é muito maior do que todos os mercados de títulos juntos — tendo atingido o espantoso valor nominal de 62 trilhões de dólares pendentes. A evidência de conluio entre quem vendeu a descoberto e comprou CDSs é apenas anedótica, mas a questão poderia ser mais investigada. À primeira vista, parece ser essa a conclusão.

Isso suscita algumas questões interessantes: o que teria acontecido se a regra do *uptick* tivesse sido mantida em vigor e fosse proibida a especulação em CDSs? A falência do Lehman Brothers poderia ter sido evitada, mas o que teria acontecido com a superbolha? Só podemos conjecturar. Suponho que a superbolha não teria estourado, mas sim esvaziado mais devagar, com resultados menos catastróficos. Os efeitos, porém, teriam permanecido por mais tempo. Seria mais parecido com a experiência japonesa do que o que temos agora.

Qual é o papel da venda a descoberto? Sem dúvida, proporciona aos mercados mais profundidade e continuidade, tornando-os mais resilientes, mas não sem perigos. *Bear raids* podem se autoavaliar e devem ser mantidos sob controle. Se a hipótese do mercado eficiente fosse válida, haveria um motivo *a priori* para não haver restrições. Do modo como é, tanto a regra do *uptick* quanto a permissão de operar vendido apenas quando coberto por ações emprestadas de fato são medidas pragmáticas úteis que parecem funcionar bem sem nenhuma justificativa teórica definida.

E quanto aos CDSs? Aqui adoto uma postura mais radical do que a maioria. A visão prevalecente é de que deveriam ser comercializados em operações cambiais regulamentadas. Acredito que são operações tóxicas e só deveriam ser comercializadas com prescrição. Poderíamos permitir que fossem usados para assegurar títulos reais, mas — à luz de seu caráter assimétrico — não para especular contra países ou empresas.* Os CDSs não são os únicos instrumentos financeiros sintéticos que se mostraram tóxicos. O mesmo se aplica ao fatiamento e ao esquartejamento das obrigações de dívidas colateralizadas (em inglês, *Collateralized Debt Obligations* — CDOs) e dos contratos de seguro que levaram à quebra do mercado de ações em 1987, para mencionar apenas dois instrumentos que realmente causaram grande estrago. A emissão de ações é regulamentada com muito cuidado pelo SEC — por que não a emissão de derivativos e outros instrumentos sintéticos? Mais importante: o papel da reflexividade e das assimetrias que identifiquei deveriam levar a uma rejeição da hipótese do mercado eficiente e a uma completa reconsideração do regime regulador.

---

* Negócios com CDSs têm criado problemas para o euro. Diversos países da zona do euro estão superendividados e enfrentam a ameaça de rebaixamento pelas agências de classificação. A compra de contratos de CDSs põe pressão adicional nos custos de empréstimo e reduz os benefícios de pertencer à zona. Isso lança dúvida sobre a durabilidade do euro. Há uma fragilidade subjacente que existe independentemente nessa moeda específica, exacerbada pelo mercado de CDSs de forma autorreforçadora.

Depois que a falência do Lehman Brothers causou um choque no comportamento dos consumidores e negócios iguais aos das falências bancárias na década de 1930, os problemas enfrentados pelo governo Obama eram pelo menos duas vezes maiores do que no tempo de Franklin Roosevelt. Isso pode ser percebido com um simples cálculo. O crédito total pendente foi de 160% do Produto Interno Bruto (PIB) em 1929 e subiu para 260% em 1932, em virtude do acúmulo da dívida e do declínio do PIB. Entramos na crise de 2008 a 365%, o que fatalmente subirá para 500% ou mais quando o efeito total for sentido. Esse cálculo não leva em consideração o uso generalizado de derivativos, que, embora não tenha acontecido na década de 1930, complica imensamente a atual situação.

A quantidade nominal de contratos de CDSs pendentes é mais de quatro vezes o PIB. Pelo lado positivo, podemos extrair lições tanto da experiência na década de 1930 quanto das prescrições de John Maynard Keynes. Seu livro *General Theory of Employment, Interest, and Money* [Teoria geral do emprego, do juro e da moeda] foi publicado em 1936 — sempre o tivemos à nossa disposição.

### PAULSON NÃO PODE RECEBER UM CHEQUE EM BRANCO

— *Artigo publicado no* Financial Times, *24 de setembro de 2008.* —

O pacote de resgate de 700 bilhões de dólares proposto por Hank Paulson enfrenta dificuldades no Capitólio. E com justiça: ele foi mal concebido. O Congresso estaria abdicando de sua responsabilidade se desse ao secretário do Tesouro um cheque em branco. Até mesmo a redação do projeto de lei submetido ao Congresso isentava as decisões do secretário de serem examinadas por um tribunal ou agência administrativa — a suprema consumação do sonho do governo Bush de um Executivo unitário.

O histórico de Paulson não inspira a confiança necessária para tal poder de decisão sobre 700 bilhões de dólares. Sua conduta da semana passada acarretou a crise que torna o resgate necessário. Na segunda-feira, ele permitiu ao Lehman Brothers falir e se recusou a disponibilizar fundos do governo para salvar a AIG. Na terça, teve de voltar atrás e fornecer um empréstimo de 85 bilhões à AIG em condições punitivas. A derrocada do Lehman tumultuou o mercado de papéis comerciais. Um grande fundo de mercado monetário "quebrou o dólar", e os bancos de investimento que apostaram no mercado de papéis comerciais tiveram dificuldade em financiar suas operações. Na quinta-feira, uma corrida aos fundos de mercado monetário ia a pleno vapor e, desde a década de 1930, nunca estivemos mais perto da hecatombe. Paulson voltou atrás outra vez e propôs um resgate sistêmico.

Ele já recebera um cheque em branco do Congresso antes. Para lidar com a Fannie Mae (Federal National Mortgage Association) e a Freddie Mac (Federal Home Loan Mortgage Corporation). Sua solução lançou o mercado imobiliário no pior dos mundos possíveis: seus gestores sabiam que, se os cheques em branco fossem preenchidos, perderiam o emprego, de modo que cortaram gastos e deixaram as hipotecas mais caras e menos disponíveis. Em questão de semanas, o mercado forçou Paulson a agir, e ele teve de assumir o controle.

A proposta de Paulson de comprar títulos hipotecários podres oferece um problema clássico de informação assimétrica. Os títulos são difíceis de avaliar, mas os vendedores sabem mais sobre eles do que o comprador: em qualquer processo de leilão, o Tesouro acabaria ficando com o refugo. A proposta também está repleta de questões latentes envolvendo conflitos de interesse. A menos que o Tesouro pagasse a mais pelos títulos, o plano não traria alívio. No entanto, se o plano é usado para resgatar bancos insolventes, o que o contribuinte recebe em troca?

Barack Obama delineou quatro condições que deveriam ser impostas: tanto *upsides* quanto *downsides* para o contribuinte; um conselho bipartidário para supervisionar o processo; ajuda para os proprietários dos imóveis, bem como para os titulares das hipotecas; e alguns limites sobre a compensação dos que se beneficiam do dinheiro do contribuinte. Esses são os princípios corretos. Poderiam ser mais bem aplicados capitalizando diretamente as instituições oneradas por títulos hipotecários podres, e não as aliviando deles.

A injeção de fundos públicos seria bem menos problemática se fosse aplicada antes ao patrimônio líquido do que ao balanço patrimonial. Setecentos bilhões de dólares em ações preferenciais com garantias pode ser suficiente para compensar o buraco criado pelo estouro da bolha imobiliária. Contudo, a adição dessa quantia pelo lado da demanda de um mercado de 11 trilhões de dólares talvez não seja suficiente para deter o declínio dos preços imobiliários.

Algo também precisa ser feito pelo lado da oferta. Para impedir que os preços imobiliários se excedam no *downside*, deve haver o mínimo de execuções hipotecárias. Os termos das hipotecas precisam ser adequados à solvência dos proprietários.

O pacote de resgate deixa a tarefa incompleta. Fazer as modificações necessárias é uma tarefa delicada, dificultada pelo fato de muitas hipotecas terem sido fatiadas e reembaladas na forma de obrigações de dívida colateralizadas (CDOs). Os donos das várias fatias têm conflitos de interesse. Levaria tempo demais resolvê-los de modo que fosse incluído no pacote de resgate, um plano de modificação da hipoteca. O pacote, porém, pode deixar o terreno preparado modificando a lei de falência, na medida em que se refere à residência principal.

Agora que a crise foi desencadeada, para mantê-la sob controle, é indispensável um pacote de resgate em larga escala. Reconstruir os balanços patrimoniais exauridos do sistema bancário é o modo certo de proceder. Nem todo banco merece ser salvo, mas podemos confiar que os especialistas do Federal Reserve, com a devida supervisão, farão os julgamentos corretos. Gerências que relutarem em aceitar as consequências dos erros passados poderiam ser privadas das facilidades de crédito da Reserva como punição. Disponibilizar fundos do governo também deve encorajar o setor privado a participar da recapitalização do setor bancário e a levar a termo a crise financeira.

## UM RESGATE MELHOR ERA POSSÍVEL

— *Artigo coescrito com Rob Johnson, publicado em Project Syndicate, 18 de setembro de 2018.* —

O recente diálogo entre Joe Stiglitz e Larry Summers sobre a "estagnação secular" e sua relação com a tímida recuperação econômica após a crise financeira de 2008-2009 é importante. Stiglitz e Summers parecem concordar que a política foi inadequada para lidar com os desafios estruturais que a crise revelou e intensificou. Seu debate aborda o tamanho do estímulo fiscal, o papel da regulamentação financeira e a importância da distribuição de renda, mas outras questões precisam ser exploradas mais a fundo.

Acreditamos que uma oportunidade essencial foi perdida quando o ônus do ajuste pesou muito mais na balança do devedor do que na do credor na resposta à crise e que isso contribuiu para a estagnação prolongada que sobreveio. As consequências sociais e políticas de longo prazo dessa oportunidade perdida foram aprofundadas.

Em setembro de 2008, quando o então secretário do Tesouro dos Estados Unidos, Hank Paulson, introduziu o Programa de Alívio de Ativos Problemáticos (em inglês, Troubled Asset Relief Program — Tarp) e seus 700 bilhões de dólares, propôs usar os fundos para resgatar os bancos, mas sem adquirir nenhuma propriedade sobre seu patrimônio líquido. Na época, nós e nosso colega Robert Dugger afirmamos que um uso muito mais efetivo e justo do dinheiro do contribuinte seria reduzir o valor das hipotecas do norte-americano comum para refletir o declínio no preço imobiliário e injetar capital nas instituições financeiras que ficassem subcapitalizadas. Como a liquidez podia sustentar um balanço patrimonial que teria sido vinte vezes maior, 700 bilhões de dólares poderiam ter contribuído muito para restaurar a saúde do sistema financeiro.

A capacidade de usar fundos para injetar liquidez nos bancos não figurava no projeto de lei apresentado à Câmara dos Representantes dos Estados Unidos. Combinamos com o deputado Jim Moran que perguntasse ao presidente do Comitê de Serviços Financeiros da Câmara (em inglês, House Financial Services), Barney Frank, uma questão previamente preparada: se era o espírito da legislação do Tarp permitir que o Tesouro usasse o dinheiro do contribuinte para injeções de liquidez. Frank, ao tomar a palavra na casa, respondeu que sim.

Essa foi, na verdade, uma ferramenta que Paulson usou nos últimos dias do governo George W. Bush, mas fez isso do jeito errado: ele convocou os chefes dos principais bancos e os forçou a pegar o dinheiro que separou para eles. Ao fazê-lo, no entanto, estigmatizou os bancos.

Meses depois, quando veio o governo do presidente Barack Obama, um de nós (Soros) apelou várias vezes a Summers para adotar uma política de injeção de liquidez nas instituições financeiras frágeis e baixar as hipotecas a um valor de mercado realista para ajudar a economia a se recuperar. Summers objetou que isso seria politicamente inaceitável, pois corresponderia a estatizar os bancos. Tal política cheirava a socialismo, e os Estados Unidos não são um país socialista, declarou.

Não achamos o argumento convincente — nem na época, nem hoje. Ao aliviar as instituições financeiras de seus ativos superestimados, os governos Bush e Obama já haviam optado por socializar o *downside*. Somente o *upside* de dividir os possíveis ganhos acionários na eventualidade de uma recuperação continuavam em pauta!

Tivesse nossa recomendação de política sido adotada, os possuidores de ações e obrigações (que têm maior propensão a poupar) teriam sofrido prejuízos maiores do que sofreram, ao passo que as famílias de rendas média e baixa (que têm maior propensão a consumir) teriam conhecido um alívio de sua dívida hipotecária. Essa alteração no ônus do ajuste teria imposto os prejuízos aos responsáveis pela calamidade, estimulado a demanda agregada e diminuído a desigualdade crescente que desmoralizava a vasta maioria da população.

No entanto, admitimos que havia um problema com nossa proposta: oferecer alívio aos titulares de hipoteca superendividados teria batido de frente com a resistência dos inúmeros donos de imóveis que não tinham feito hipoteca. Estávamos explorando formas de resolver esse problema quando ele perdeu a relevância: o governo Obama se recusou a aceitar nosso conselho.

A abordagem dos governos Bush e Obama contrasta nitidamente tanto com a política seguida pelo governo britânico quanto com exemplos anteriores de resgates financeiros bem-sucedidos nos Estados Unidos.

Na Grã-Bretanha, liderada pelo então primeiro-ministro Gordon Brown, os bancos subcapitalizados foram instruídos a elevar o capital adicional. Tiveram a oportunidade de ir ao mercado, mas foram advertidos de que o Tesouro britânico injetaria fundos neles se fracassassem na empreitada. E o Royal Bank da Escócia e o Lloyds TSB solicitaram a ajuda do governo. As injeções de liquidez vieram acompanhadas de restrições na remuneração e nos dividendos executivos. Ao contrário do método de Paulson para injetar fundos, os bancos não eram estigmatizados se pudessem pegar emprestado dos mercados.

Durante a Grande Depressão da década de 1930, os Estados Unidos se apropriaram dos bancos e os recapitalizaram via a Corporação de Reconstrução Financeira (em inglês, Reconstruction Finance Corporation — RFC) e geriram a reestruturação hipotecária por meio da Home Owners' Loan Corporation (Holc).

Sem dúvida, o governo Obama ajudou a aliviar a crise tranquilizando o público e minimizando a profundidade dos problemas, mas havia um pesado preço político a ser pago. As políticas do governo foram incapazes de abordar os problemas subjacentes e, ao proteger os bancos, e não os detentores de hipoteca, exacerbaram o abismo entre ricos e pobres nos Estados Unidos.

O eleitorado culpou o governo Obama e os democratas do Congresso pelos resultados. O Tea Party foi formado no início de 2009 em boa parte com o apoio financeiro dos bilionários irmãos Koch, Charles e David. Em janeiro de 2010, Massachusetts realizou uma eleição especial para a cadeira no Senado do falecido Ted Kennedy, logo após Wall Street ter pagado bônus extravagantes, e elegeu o republicano Scott Brown. Os republicanos posteriormente dominaram a Câmara dos Representantes nas eleições de meio de mandato de 2010, dominaram o Senado em 2014 e nomearam Donald Trump, que foi eleito em 2016.

É crucial que o Partido Democrata reconheça e corrija seus erros passados. As eleições de meio de mandato de 2018, que prepararão o palco para a eleição presidencial de 2020, são uma oportunidade excelente de fazê-lo. Os problemas políticos e econômicos que o país enfrenta são muito mais profundos hoje do que eram há dez anos, e o público sabe disso.

Os democratas devem admitir esses problemas, e não fazer pouco caso deles. As eleições de meio de mandato deste ano (2018) serão um referendo sobre Trump, mas o candidato presidencial democrata em 2020 deve ter um projeto de campanha que muitos norte-americanos considerem inspirador. O eleitorado está vendo para onde leva o populismo demagógico dos republicanos, e a maioria deve rejeitá-lo em 2018.

Capítulo 5

# A TRAGÉDIA DA UNIÃO EUROPEIA

*"Europa, por favor, acorde!"*

## "ACORDE, EUROPA"

— *Trecho de "Wake Up, Europe", publicado no* New York Review of Books, *22 de outubro de 2014.* —

A Rússia representa um desafio para a Europa. Nem os líderes europeus, nem seus cidadãos estão plenamente cientes desse desafio ou sabem qual é a melhor forma de lidar com ele. A Rússia adota o uso da força, que se manifesta, no país, como repressão e, no exterior, como agressão, à revelia do estado de direito. O que choca é que a Rússia de Vladimir Putin tem se revelado, em alguns sentidos, superior à União Europeia — mais flexível e constantemente surpreendente. Isso lhe dá uma vantagem tática, ao menos no curto prazo.

A Europa e os Estados Unidos — cada um por seus próprios motivos — estão determinados a evitar qualquer confronto militar direto. A Rússia se aproveita dessa relutância de ambos. Violando suas obrigações do tratado, anexou a Crimeia e estabeleceu enclaves separatistas no leste da Ucrânia. Em 2014, quando o recém-empossado governo em Kiev ameaçou vencer uma guerra de fraca intensidade no leste da Ucrânia, contra as forças separatistas financiadas pela Rússia, o presidente Putin invadiu a Ucrânia com forças armadas regulares disfarçadas de "homenzinhos verdes". Isso violava a lei russa que protege conscritos de serem mobilizados no estrangeiro sem seu consentimento.

Em 72 horas, essas forças destruíram centenas de veículos blindados ucranianos, uma parcela substancial de sua força de combate. Segundo o general Wesley Clark, antigo comandante aliado supremo da Organização do Tratado do Atlântico Norte (Otan) na Europa, os russos usaram sistemas de lançamento múltiplo de foguetes contendo bombas de fragmentação e ogivas termobáricas (uma arma ainda mais desumana, que deveria ser banida), com efeito devastador. A milícia local da cidade ucraniana de Dnepropetrovsk sofreu a maioria das perdas porque estava se comunicando por celular e podia ser localizada e alvejada facilmente pelos russos. O presidente russo concordou com um cessar-fogo com o presidente ucraniano Petro Poroshenko em 5 de setembro de 2014, mas Putin tem a opção de seguir assim enquanto julgar vantajoso ou retomar um ataque com força total.

Em setembro de 2014, Poroshenko visitou Washington, onde recebeu uma acolhida entusiasmada de uma sessão conjunta do Congresso. Em seu discurso, pediu por armas defensivas "letais e não letais". Entretanto, o presidente Obama rejeitou seu pedido de mísseis Javelin, lançados manualmente para serem usados contra os tanques. Deram-lhe um radar, mas de que servia, sem mísseis? Os países europeus ficaram igualmente relutantes em fornecer ajuda militar à Ucrânia, temendo a retaliação russa. A visita a Washington proporcionou ao presidente Poroshenko uma fachada de apoio com pouca substância por trás.

O colapso da Ucrânia seria uma tremenda perda para a Otan, a União Europeia e os Estados Unidos. Uma Rússia vitoriosa se tornaria muito mais influente dentro da União Europeia e constituiria uma poderosa ameaça aos estados bálticos, com suas grandes populações russas étnicas. Em vez de apoiar a Ucrânia, a Otan teria de se defender em seu próprio solo. Isso exporia tanto a União Europeia quanto os Estados Unidos ao perigo que ambos tanto tentaram evitar: um confronto militar direto com a Rússia. A União Europeia ficaria ainda mais dividida e ingovernável. Por que os Estados Unidos e outras nações da Otan permitiriam que isso acontecesse?

O argumento que prevalece na Europa e nos Estados Unidos é de que Putin não é Hitler — dando-lhe tudo o que pedir dentro do razoável, ele pode ser impedido de recorrer a um novo uso de força. Enquanto isso, as sanções contra a Rússia — que incluem, por exemplo, restrições sobre transações de negócios, finanças e comércio — exercerão seu efeito e, no longo prazo, o país terá de recuar para obter algum alívio.

Essas são falsas esperanças derivadas de um falso argumento sem sustentação em nenhuma evidência factual. Putin recorreu à força várias vezes, e é provável que volte a fazê-lo, a menos que enfrente forte resistência. Mesmo que a hipótese se revele válida, é uma grande irresponsabilidade não ter um plano B.

Existem dois contra-argumentos menos óbvios, só que ainda mais importantes. Primeiro, as autoridades ocidentais ignoram a importância do que chamo de "nova Ucrânia", nascida da resistência vitoriosa no Maidan. Muitos altos funcionários que lidavam com a Ucrânia encontraram dificuldades em se ajustar à mudança revolucionária ocorrendo no país. O recém-assinado Acordo de Associação entre União Europeia e Ucrânia foi originalmente negociado com o governo de Viktor Yanukovytch. Esse acordo detalhado precisa ser ajustado a uma realidade totalmente nova. Por exemplo, ele pede a substituição e reciclagem gradual do Judiciário em cinco anos, enquanto o público clama por uma renovação imediata e radical. Nas palavras do prefeito de Kiev, Vitali Klitschko: "Se você põe um pepino fresco em um barril de picles, ele vira picles."

Ao contrário de alguns relatos que circularam amplamente, a resistência no Maidan foi liderada pela nata da sociedade civil: jovens que haviam estudado no exterior e se recusaram a participar tanto do governo quanto dos negócios ao voltar porque sentiam repulsa por ambos. (Nacionalistas e extremistas antissemitas compõem apenas uma pequena minoria dos manifestantes anti-Yanukovytch.) Eles são os líderes da nova Ucrânia e se opõem terminantemente a regressar à "velha Ucrânia", com sua corrupção endêmica e governo ineficiente.

A nova Ucrânia precisa combater a agressão russa, a resistência burocrática interna e externa, e a confusão entre a população geral. Surpreendentemente, tem contado com o apoio de diversos oligarcas, o ex-presidente Poroshenko mais do que todos. Claro que há profundas diferenças de história, idioma e opinião entre a parte oriental e ocidental do país, mas na Ucrânia há mais união e uma mentalidade mais europeia do que nunca. Essa unidade, contudo, é extremamente frágil.

Em boa parte, a nova Ucrânia permaneceu sem reconhecimento, porque o país não teve pressa em influenciar. Praticamente não havia forças de segurança treinadas à disposição quando o país nasceu. As que existiam antes, na antiga Ucrânia, estavam engajadas em suprimir a rebelião no Maidan e ficaram desorientadas nesse verão, quando tiveram de receber ordens de um governo formado por defensores da rebelião. Não admira que o novo governo de início fosse incapaz de enfrentar uma resistência efetiva ao estabelecimento dos enclaves separatistas no leste da Ucrânia. É ainda mais extraordinário que o então presidente Poroshenko pudesse, poucos meses após eleito, preparar um ataque que ameaçava reclamar esses enclaves.

Para apreciar os méritos da nova Ucrânia, é preciso ter conhecimento de causa. Posso falar por experiência própria, embora também deva confessar minha tendência favorável ao país. Criei uma fundação ali em 1990, antes mesmo da independência. Sua diretoria e equipe são compostas de ucranianos, e ela mantém raízes profundas com a sociedade civil. Visitei o país muitas vezes, especialmente nos primeiros anos, mas não entre 2004 e o início de 2014, quando voltei para testemunhar o nascimento da nova Ucrânia.

Fiquei impressionado com o tremendo crescimento em termos de maturidade e perícia na época, tanto em minha fundação quanto na sociedade civil. Atualmente, o engajamento cívico e político é provavelmente maior do que em qualquer outro lugar da Europa. As pessoas têm demonstrado sua disposição em sacrificar a vida pelo país. Essas são as forças ocultas da nova Ucrânia que foram negligenciadas pelo Ocidente.

Outra deficiência da atual atitude europeia em relação à Ucrânia é não perceber que o ataque russo ao país é indiretamente um ataque contra a União Europeia e seus princípios de governança. Deveria ser evidente que é inadequado um país, ou uma associação de países, em guerra almejar uma política de austeridade fiscal, como a União Europeia continua a fazer. Todo recurso disponível deveria ser investido no esforço de guerra, mesmo que isso implique um aumento dos déficits orçamentários. A fragilidade da nova Ucrânia torna a ambivalência do Ocidente ainda mais perigosa. Não só a sobrevivência da nova Ucrânia como também o futuro da Otan e da própria União Europeia estão em risco. Na ausência de uma resistência unificada, é pouco realista esperar que Putin pare de avançar quando a divisão da Europa e a dominação russa estiverem à vista.

Depois de identificar algumas falhas da atual abordagem, tentarei delinear o curso que a Europa deveria seguir. Sanções contra a Rússia são necessárias, mas são um mal necessário. Elas exercem um efeito depressor não só na Rússia como também nas economias europeias, incluindo a Alemanha. Isso agrava as forças da recessão e deflação já em curso. Por outro lado, ajudar a Ucrânia a se defender da agressão russa teria um efeito estimulante não só no país como também na Europa. Esse princípio deveria pautar a assistência europeia à Ucrânia.

A nova Ucrânia tem vontade política suficiente para defender a Europa contra a agressão russa e para se engajar em reformas estruturais radicais. Para preservar e reforçar essa vontade, precisa de assistência adequada dos que a apoiam. Sem isso, os resultados serão decepcionantes, e a esperança se transformará em desespero.

Já está mais do que na hora de os membros da União Europeia acordarem e se comportarem como nações indiretamente em guerra. É melhor ajudar a Ucrânia a se defender do que ter de lutar por si mesmos. De um modo ou de outro, a contradição interna entre estar em guerra e permanecer comprometido com a austeridade fiscal tem de ser eliminada. Onde há vontade há um jeito.

Também já está mais do que na hora de a União Europeia ter um pouco mais de senso crítico em relação a si mesma. Deve haver algo errado se a Rússia de Putin consegue ser tão bem-sucedida, mesmo no curto prazo. A burocracia da União Europeia não mais detém o monopólio do poder e lhe resta pouco do que se orgulhar. Ela deve aprender a ser mais unida, flexível e eficiente, e os europeus precisam olhar mais de perto para a nova Ucrânia. Isso poderia ajudá-los a recapturar o espírito que levou à criação da União Europeia. A União Europeia se salvaria ao salvar a Ucrânia.

## O QUE DEU ERRADO E COMO CONSERTAR

— *Observações feitas no Fórum Econômico de Bruxelas, 1º de junho de 2017.* —

Quero dedicar meus comentários à memória do meu grande amigo Tommaso Padoa-Schioppa. Meu propósito hoje é explicar no que ele e eu estaríamos trabalhando juntos se ele ainda estivesse vivo.

Tentaríamos salvar a União Europeia ao reinventá-la radicalmente. O primeiro objetivo, salvar a Europa, precisa ter a precedência porque há um perigo existencial. Mas não esqueceríamos o segundo.

A reinvenção teria de reviver o apoio de que a União Europeia costumava usufruir. Faríamos isso examinando o passado e explicando o que deu errado e como seria possível corrigi-lo. É isso que quero fazer hoje.

Permitam-me começar pelo passado. Após a Segunda Guerra Mundial, a Europa ocidental foi reconstruída com a ajuda do Plano Marshall, mas a região continuava sob ameaça da União Soviética, que ocupava a parte leste do continente. Um grupo de visionários liderado por Jean Monnet propôs juntar a parte ocidental em uma organização cujos membros jamais travariam guerra entre si. Os visionários se engajaram no que Karl Popper chamou de engenharia social fragmentada. Eles estabeleceram metas limitadas mas viáveis, determinaram uma linha do tempo e geraram apoio público, sabendo bem que cada passo levaria a outro. A elite europeia da nossa geração reagiu com entusiasmo. Eu mesmo via a União Europeia como a personificação de uma sociedade aberta.

Tudo foi bem até o Tratado de Maastricht, assinado em 1992. Seus proponentes sabiam que o tratado estava incompleto: ele criava um banco central, mas não um Tesouro comum. Acreditavam, porém, que, quando a necessidade surgisse, haveria vontade política para dar o próximo passo.

Infelizmente, não foi o que aconteceu. Duas coisas surgiram no caminho: o colapso do império soviético e a reunificação da Alemanha. Esses dois fatos estão tão interligados que contaram como um só acontecimento, e então veio a crise de 2008, o segundo acontecimento.

Permitam-me falar primeiro sobre a reunificação alemã. O chanceler Helmut Kohl admitia que a Alemanha só podia ser reunificada no contexto de uma Europa mais unida. Sob sua sábia liderança, o país se tornou o principal motor da integração europeia. A Alemanha estava sempre disposta a contribuir mais para que cada negociação fosse transformada em uma situação benéfica para todos. O presidente François Mitterrand queria a Alemanha mais próxima da Europa sem abrir mão da soberania nacional. O acordo franco-alemão serviu de base para o Tratado de Maastricht.

Então veio o Tratado de Lisboa, que propunha transferir a soberania para as instituições centralizadas, notavelmente o Parlamento e a Comissão europeus. Foi rejeitado por plebiscito na França e na Holanda em 2005. Durante a crise do euro, que se seguiu à quebra de 2008, o poder político de fato migrou para o Conselho Europeu, no qual os chefes de estado podiam tomar decisões urgentes e necessárias em um piscar de olhos. Essa discrepância entre poder nominal e efetivo está no coração do que chamo de "tragédia da União Europeia".

A crise financeira de 2008 se originou nos Estados Unidos, mas atingiu o sistema bancário europeu com muito mais rigidez. Após 2008, uma Alemanha reunificada não se sentia politicamente motivada nem rica o bastante para seguir como o motor de mais integração.

Com o colapso do Lehman Brothers, os ministros das Finanças europeus declararam que não permitiriam a falência de nenhuma outra instituição financeira sistemicamente importante. A chanceler Angela Merkel, porém, insistiu que cada país devia ser responsável por seus próprios bancos. Com isso, interpretou corretamente a opinião pública alemã. Esse foi o ponto de virada da integração para a desintegração.

———

A União Europeia vive uma crise existencial. A maioria dos europeus da minha geração apoiava mais integração. Gerações subsequentes passaram a ver a União Europeia como um inimigo que os priva de um futuro seguro e promissor. Muitos passaram a duvidar de que ela poderia lidar com vários problemas acumulados. Esse sentimento foi reforçado pela ascensão dos partidos xenófobos e anti-União Europeia, movidos por valores diametralmente opostos aos valores sobre os quais a União Europeia foi fundada.

Externamente, a União Europeia está cercada por potências hostis: a Rússia de Putin, a Turquia de Erdogan, o Egito de Sisi e os Estados Unidos que Trump gostaria de criar mas não consegue.

Internamente, ela vem sendo governada por tratados obsoletos desde a crise financeira de 2008. Esses tratados ficaram cada vez menos relevantes para as condições prevalecentes. Até mesmo as inovações necessárias mais simples para tornar a moeda única sustentável puderam ser introduzidas apenas pelos arranjos intergovernamentais fora dos tratados existentes. Foi assim que o trabalho das instituições europeias ficou ainda mais complicado — o que tornou a União Europeia disfuncional em alguns aspectos.

A zona do euro virou o exato oposto do que se pretendera originalmente. A União Europeia deveria ser uma associação voluntária entre países dispostos a ceder parte de sua soberania pelo bem comum. Após a crise financeira de 2008, a zona do euro foi transformada em uma relação credor/devedor, em que os países devedores eram incapazes de saldar o que deviam, e os países credores ditavam os termos que aqueles tinham de cumprir. Ao impor uma política de austeridade, os países credores praticamente impossibilitaram que os devedores saldassem suas dívidas. O resultado não foi voluntário nem igual.

---

Se a União Europeia seguir assim, há pouca esperança de melhora. Por isso, precisa ser reinventada de forma radical. A proposta de Jean

Monnet fez o processo de integração avançar bastante, mas começa a perder o embalo. Hoje precisamos de um esforço colaborativo que combine uma abordagem partindo das instituições europeias com as iniciativas populares necessárias para engajar o eleitorado.

O Brexit será um processo imensamente prejudicial para os dois lados. A maior parte do estrago já pode ser sentida agora, quando a União Europeia vive uma crise existencial, mas tem a atenção desviada para a negociação envolvendo a saída do Reino Unido.

A União Europeia deve resistir à tentação de punir o Reino Unido e conduzir as negociações com um espírito construtivo. Deve usar o Brexit como catalisador para a introdução de reformas abrangentes. O divórcio será um processo arrastado, que pode levar até cinco anos. Cinco anos parece uma eternidade quando o assunto é política, sobretudo em épocas revolucionárias como os dias atuais. Durante esse período, a União Europeia poderia se transformar em uma organização que outros países gostariam de integrar. Se isso acontecesse, os dois lados talvez quisessem voltar a se unir até antes da consumação do divórcio entre União Europeia e Reino Unido. Seria um desfecho maravilhoso, pelo qual vale a pena lutar. No momento, parece inconcebível, mas na verdade é bastante acessível. O Reino Unido é uma democracia parlamentar. Em cinco anos, outra eleição geral será realizada, e o próximo Parlamento poderá votar pela reintegração à Europa.

Essa Europa diferiria dos atuais arranjos em dois aspectos cruciais. Primeiro, faria uma separação nítida entre a União Europeia e a zona do euro. Segundo, admitiria que o euro tem muitos problemas e que não se deve permitir o fim da União Europeia.

A zona do euro é governada por tratados obsoletos, que tentam fazer com que todos os estados-membros adotem a moeda se e quando forem considerados qualificados. Isso cria uma situação absurda, em que países como Suécia, Polônia e República Tcheca, embora deixem claro que não têm a menor intenção de adotar o euro, sejam descritos e tratados como "candidatos" à integração.

---

O efeito não é apenas aparente. Está convertendo a União Europeia em uma organização cujo núcleo é a zona do euro, enquanto os demais membros ficam relegados a uma posição inferior. Há um pressuposto oculto: os vários estados-membros podem se mover em fases diferentes, mas rumando para o mesmo destino. Isso deu origem à alegação de uma "união cada vez mais próxima", explicitamente rejeitada por uma série de países.

Essa alegação precisa ser abandonada. Em vez de uma Europa com múltiplas fases, devemos objetivar uma Europa com múltiplos caminhos, que permita aos estados-membros uma variedade de escolhas mais ampla. O efeito benéfico disso seria enorme.

No momento, as atitudes em relação à cooperação são negativas: os estados-membros querem reafirmar sua soberania, e não ceder mais um pouco dela. No entanto, se a cooperação produzisse resultados positivos, essa percepção poderia mudar para melhor. Além disso, alguns objetivos que agora são buscados por coalizões dos favoráveis à união talvez qualificassem a participação universal. Há três áreas problemáticas em que é indispensável um progresso significativo. A primeira é a crise dos refugiados; a segunda, a desintegração territorial tal como exemplificada pelo Brexit; e a terceira, a falta de uma política de crescimento econômico.

Precisamos ser realistas. Em todas essas áreas, partimos de uma base muito pequena e, no caso da crise dos refugiados, a tendência continua na descendente. Ainda não dispomos de uma política migratória europeia. Cada país age segundo o que percebe como seu interesse nacional, e isso muitas vezes vai contra os interesses de outros estados-membros. A chanceler Angela Merkel tinha razão: a crise dos refugiados tem potencial para destruir a União Europeia, mas não podemos desistir. Se fizéssemos um progresso significativo em aliviar a crise dos refugiados, a força do ímpeto tomaria uma direção positiva.

---

Acredito muito no ímpeto. Em minha estrutura conceitual, eu o chamo de reflexividade. Consigo perceber o desenvolvimento de um ímpeto capaz de mudar a União Europeia para melhor. Ele exigiria uma combinação de elementos partindo das lideranças e das bases populares, e posso ver ambos evoluindo.

Em relação ao processo político partindo das lideranças, cruzei os dedos durante as eleições holandesas, em que o candidato nacionalista, Geert Wilders, caiu do primeiro para o segundo lugar. Mas fiquei muito tranquilizado com o resultado das eleições francesas, em que entre tantos candidatos o único pró-União Europeia tenha conseguido o aparentemente impossível: se eleger presidente da França. Estou muito mais confiante no resultado das eleições alemãs, em que muitas combinações poderiam levar a uma coalizão pró-União Europeia, sobretudo se a anti-União Europeia e xenófoba Alternativa para a Alemanha (AfD) seguir em seu virtual colapso. Talvez o ímpeto crescente seja forte o bastante para sobrepujar a maior ameaça: o perigo de uma crise bancária e migratória na Itália.

Também posso ver muitas iniciativas espontâneas vindas das bases populares, apoiadas sobretudo por jovens. Exemplos: a iniciativa Pulse of Europe, que começou em Frankfurt em novembro de 2016 e se espalhou por 120 cidades em todo o continente; o movimento Best for Britain no Reino Unido; e a resistência ao partido Lei e Justiça (PiS) na Polônia e ao Fidesz na Hungria.

A resistência que o primeiro-ministro, Viktor Orbán, encontrou na Hungria deve tê-lo surpreendido tanto quanto me surpreendeu. Ele tentou pintar suas políticas como um conflito pessoal entre nós e me fez alvo de sua incessante campanha de propaganda. Escolheu para si o papel de defensor da soberania húngara e, para mim, o de especulador suspeito que usa seu dinheiro para inundar a Europa — no caso, sua Hungria nativa — de imigrantes ilegais, como parte de um vago mas nefasto complô.

Isso é o oposto de quem sou. Sou o fundador orgulhoso da Universidade Centro-Europeia, que há mais de duas décadas figura entre as cinquenta melhores universidades do mundo em diversas ciências sociais. Doei generosamente para a universidade, e isso a possibilitou defender sua liberdade acadêmica não só contra a interferência do governo húngaro como também de seu fundador.

Resisti vigorosamente às tentativas de Orbán de transformar nossas diferenças ideológicas em animosidade pessoal e fui bem-sucedido nisso.

---

Que lições aprendi dessa experiência? Primeiro, que, para defender sociedades abertas não basta se fiar no estado de direito; também devemos nos pronunciar sobre o que acreditamos. A universidade que fundei e as organizações que minha fundação apoia fazem isso. Seu destino é incerto, mas tenho confiança de que sua defesa incessante da liberdade — tanto liberdade acadêmica quanto liberdade de associação — acabará pondo as rodas morosas da justiça para girar. Segundo, aprendi que a democracia não pode ser imposta de fora para dentro; tem de ser afirmada e defendida pelo próprio povo. Admiro muito o modo corajoso do povo húngaro de resistir às farsas e à corrupção do estado mafioso implementado pelo regime de Orbán. Também me anima a maneira vigorosa como as instituições europeias reagiram ao desafio representado pela Polônia e pela Hungria. Considero a proposta feita pela Alemanha de usar os Fundos de Coesão para aplicar a observância da lei muito promissora. Percebo a União Europeia voltando a ganhar cada vez mais popularidade, mas isso não acontecerá de forma espontânea. Quem se importa com o destino da Europa tem de se envolver ativamente.

Quero encerrar com uma advertência. A União Europeia é desajeitada, move-se vagarosamente e muitas vezes precisa de unanimidade para impor suas regulamentações. Isso é difícil de conseguir quando dois países, Polônia e Hungria, conspiram contra. No entanto, a União Europeia precisa de novas regras para manter seus valores. Isso é possível, mas exigirá uma ação firme das instituições europeias e o engajamento ativo da sociedade civil. Vamos lá!

## A CRISE DOS REFUGIADOS

*— Trechos de comentários feitos ao Conselho Europeu sobre relações exteriores, 29 de maio de 2018. —*

Desde a crise financeira de 2008, a União Europeia parece ter perdido o rumo. O programa de contenção fiscal adotado levou à crise do euro. Como consequência, muitos jovens hoje veem a União Europeia como um inimigo que os privou de emprego e de um futuro seguro e promissor. Políticos populistas exploraram os ressentimentos e formaram partidos e movimentos anti-União Europeia.

Então veio a crise dos refugiados de 2015. No começo, a maioria se solidarizou com o sofrimento de gente fugindo da repressão política ou da guerra civil, mas ninguém queria ver seu cotidiano tumultuado por um colapso dos serviços sociais. Houve também a decepção da população com o fracasso das autoridades em lidar com a crise.

Quando isso aconteceu na Alemanha, a Alternativa para a Alemanha (AfD) ganhou força e cresceu, tornando-se o maior partido de oposição. A Itália passou por experiência similar, e as repercussões políticas foram ainda mais desastrosas: os partidos anti-União Europeia quase tomaram o governo. Hoje a Itália realiza eleições em pleno caos político.

Na verdade, a Europa toda foi atingida pela crise dos refugiados. Líderes inescrupulosos a exploraram até em países que mal os acolheram. Na Hungria, Viktor Orbán baseou sua campanha de reeleição na falsa acusação de que eu planejava inundar a Europa — incluindo a Hungria — com refugiados muçulmanos.

Ele agora posa como paladino de sua versão de uma Europa cristã que desafia os valores sobre os quais a União Europeia foi fundada. Tenta tomar a liderança dos partidos democratas cristãos, que compõem a maioria no Parlamento Europeu.

Nos últimos anos, a Europa e o mundo todo se chocaram com as ações do presidente Trump, que se retirou unilateralmente de um tratado de armamentos nucleares com o Irã, destruindo a aliança transatlântica. Esse desdobramento criará uma pressão adicional de força imprevisível em uma Europa já sitiada. Dizer que a Europa corre perigo existencial não é mais uma figura de linguagem, é a dura realidade.

O que pode ser feito para salvá-la?

Há três problemas urgentes que devem ser enfrentados: a crise dos refugiados; desintegrações territoriais, como exemplificado pelo Brexit; e a política de austeridade que está estorvando o desenvolvimento econômico europeu. O melhor ponto de partida talvez seja controlar a crise dos refugiados.

Sempre defendi que a distribuição de refugiados pela Europa fosse inteiramente voluntária. Os estados-membros não deveriam ser forçados a aceitar refugiados caso não queiram, e os refugiados não deveriam ser forçados a se fixar onde não desejem.

O princípio da voluntariedade deveria pautar a política migratória europeia. A Europa também deve reformar ou repelir com urgência a assim chamada Convenção de Dublin, que depositou um ônus injusto sobre a Itália e outros países mediterrâneos com consequências políticas desastrosas.

A União Europeia deve proteger suas fronteiras externas, mas mantê-las abertas à imigração legal. Os estados-membros, por sua vez, não devem fechar suas fronteiras internas. A ideia de uma "fortaleza" fechada a refugiados políticos e a imigrantes econômicos viola tanto a lei europeia quanto a internacional e, em todo caso, não é realista.

A Europa quer estender mão solidária à África (e outras partes do mundo em desenvolvimento), oferecendo substancial assistência a regimes com tendências democráticas. Isso lhes possibilitaria fornecer educação e emprego para seus cidadãos. Eles ficariam menos propensos a deixar o país, e os que o fizessem não seriam considerados refugiados. Ao mesmo tempo, os países europeus poderiam acolher imigrantes desses e de outros países para atender às suas necessidades econômicas por meio de um processo organizado. Desse modo, a migração seria voluntária por parte tanto dos imigrantes quanto dos estados que os recebessem. Esse "Plano Marshall" também ajudaria a reduzir a quantidade de refugiados políticos ao fortalecer os regimes democráticos no mundo em desenvolvimento.

A realidade deixa bastante a desejar. Antes de mais nada, a União Europeia ainda não tem uma política migratória unificada. Cada estado-membro tem sua própria política, que muitas vezes vai contra os interesses dos outros países.

Em segundo lugar, o principal objetivo da maioria dos países europeus não é promover o desenvolvimento democrático, mas sim cortar o fluxo de imigrantes. Isso desvia grande parte dos fundos disponibilizados para acordos escusos com ditadores, subornando-os para que impeçam os imigrantes de cruzar seu território ou que usem medidas repressivas para impedi-los de partir. Em longo prazo, isso gera mais refugiados políticos.

Terceiro, há uma deplorável escassez de recursos financeiros. Estimamos que um Plano Marshall significativo para a África exigiria, no mínimo, 30 bilhões de euros por ano durante vários anos. Os estados-membros só poderiam contribuir com uma pequena fração dessa quantia caso concordassem com ele.

Então, como tal plano poderia ser financiado? É importante admitir que a crise dos refugiados é um problema da Europa e precisa de uma solução europeia. A União Europeia tem uma classificação de crédito elevada, e sua capacidade de empréstimo permanece na maior parte inaproveitada. Que momento melhor para usá-la senão em uma crise existencial? Ao longo da história, a dívida nacional sempre cresceu em tempos de guerra. Admito que aumentá-la vai na contramão do apego à austeridade prevalecente, mas a política de austeridade em si é um fator que contribui para a crise atual na região.

## "EUROPA, POR FAVOR, ACORDE"

— *Artigo publicado em* Project Syndicate, *11 de fevereiro de 2019.* —

A Europa ruma como sonâmbula para a obscuridade, e os europeus precisam acordar antes que seja tarde demais. Caso contrário, a União Europeia irá pelo mesmo caminho da União Soviética em 1991. Tanto nossos líderes quanto o cidadão comum parecem não compreender que vivemos em um momento revolucionário, que o leque de possibilidades é muito amplo, e o resultado final, altamente incerto.

A maioria presume que o futuro será mais ou menos parecido com o presente, mas isso não é necessariamente verdade. Em uma vida longa e agitada, testemunhei muitos períodos do que chamo de desequilíbrio radical. Vivemos um período desses hoje.

O próximo ponto de inflexão serão as eleições para o Parlamento Europeu em maio de 2019. Infelizmente, as forças anti-União Europeia desfrutarão de uma vantagem competitiva nas urnas. Há várias razões para isso, incluindo o sistema partidário ultrapassado que prevalece na maioria dos países europeus, a impossibilidade prática de mudança do tratado e a ausência de instrumentos legais para disciplinar os estados-membros que violam os princípios existentes na criação da União Europeia. A União Europeia pode impor o *acquis communautaire* (seu conjunto de leis e regulamentos) aos países que se candidatam, mas não é capaz de obrigar os estados-membros a obedecer.

O sistema partidário obsoleto frustra os que desejam preservar os valores de quando a União Europeia foi fundada, mas ajuda os que desejam substituir tais valores por algo radical e diferente. Isso é verdadeiro quando se consideram países individuais e ainda mais em alianças transeuropeias.

O sistema partidário dos estados individuais reflete divisões que tinham importância nos séculos XIX e XX, como o conflito entre capital e trabalho. No entanto, a divisão mais importante hoje é entre as forças pró e contra União Europeia.

O país dominante da União Europeia é a Alemanha, e a aliança política dominante na Alemanha — entre União Democrata Cristã (CDU) e União Social Cristã (CSU), sediada na Baviera — se tornou insustentável. A aliança funcionou enquanto não havia um partido bávaro ainda mais de direita do que a CSU. Isso mudou com a ascensão da extremista Alternativa para a Alemanha (AfD). Nas eleições estaduais de setembro de 2018, o resultado da CSU foi o pior em mais de seis décadas, e a AfD entrou no Parlamento Bávaro pela primeira vez.

A ascensão desse partido de extrema direita eliminou a razão de ser da aliança CDU/CSU. Essa aliança, porém, não pode ser quebrada sem provocar novas eleições que nem a Alemanha, nem a Europa podem realizar. Do modo como é, a atual coalizão dominante não pode ser tão pró-União Europeia quanto seria sem a AfD ameaçando seu flanco direito.

A situação está longe de desesperadora. Os German Greens se destacaram como o único partido consistentemente pró-União Europeia do país e continuam a subir nas pesquisas de opinião, ao passo que a AfD parece ter conhecido seu auge (exceto na antiga Alemanha Oriental). Hoje, no entanto, os eleitores da CDU/CSU são representados por um partido cujo compromisso com os valores europeus é ambivalente.

Também no Reino Unido uma estrutura partidária antiquada impede a vontade popular de encontrar expressão apropriada. Tanto os trabalhistas quanto os conservadores permanecem internamente divididos, mas seus líderes — Jeremy Corbyn e Theresa May respectivamente — estão tão determinados a aprovar o Brexit que concordaram em cooperar com tal estrutura. A situação é tão complicada que a maioria dos britânicos quer encerrar logo esse assunto, mesmo vindo a ser o evento definidor do país nas décadas futuras.

No entanto, o pacto entre Jeremy Corbyn e Theresa May gerou oposição em ambos os partidos. No caso do Trabalhista, beira a revolta. Um dia após a reunião dos dois líderes, May anunciou um programa para ajudar eleitores trabalhistas pró-Brexit no norte da Inglaterra. Corbyn hoje é acusado de trair a promessa que fez na conferência do Partido Trabalhista em setembro de 2018 para apoiar um segundo referendo do Brexit, caso seja impossível realizar uma eleição.

O público também está tomando consciência das consequências funestas do Brexit.

A Itália se encontra em apuro similar. A União Europeia cometeu um equívoco fatal em 2017 impondo com rigor a Convenção de Dublin, que onera injustamente países como a Itália, porta de entrada dos imigrantes para a União Europeia. Isso jogou o eleitorado italiano predominantemente pró-União Europeia e pró-imigração nos braços da Liga Norte (LN) e do Movimento Cinco Estrelas (M5S) em 2018. O Partido Democrata, antes dominante, agora está aos cacos. Como consequência, uma significativa fatia do eleitorado que permanece pró-União Europeia não tem partido no qual votar. Contudo, há uma tentativa em curso de organizar uma lista pró-União Europeia unida. Uma reordenação similar dos sistemas partidários está acontecendo na França, na Polônia, na Suécia e provavelmente em outros lugares.

Em se tratando das alianças transeuropeias, a situação é ainda pior. Os partidos nacionais ao menos têm algumas raízes no passado, mas as alianças transeuropeias seguem o interesse próprio dos líderes partidários. O Partido Popular Europeu (em inglês, European People's Party — EPP) é o caso mais grave. O EPP é praticamente destituído de princípios, como demonstrado ao se manter associado ao Fidesz, do primeiro-ministro húngaro Viktor Orbán, a fim de preservar sua maioria e controlar a distribuição dos cargos mais importantes na União Europeia. As forças anti-União Europeia podem parecer até boazinhas quando comparadas com eles: ao menos elas têm alguns princípios, embora sejam odiosas.

É difícil ver como os partidos pró-União Europeia podem sair vitoriosos da eleição em maio, a menos que ponham os interesses da Europa acima dos seus. Ainda é possível encontrar argumentos para preservar a União Europeia visando reinventá-la de modo radical, mas isso exigiria uma mudança de atitude. A atual liderança lembra o politburo quando a União Soviética se esfacelou — continuando a emitir *ukazes* como se ainda tivessem alguma relevância.

O primeiro passo para defender a Europa de seus inimigos, internos e externos, é admitir a magnitude da ameaça que representam. O segundo é despertar a maioria pró-União Europeia adormecida e mobilizá-la para defender os valores que guiaram a fundação da União Europeia. Caso contrário, o sonho de uma Europa unida pode se tornar o pesadelo do século XXI.

## A MAIORIA SILENCIOSA DA EUROPA SE MANIFESTA

— *Artigo publicado em* Project Syndicate, 7 *de junho de* 2019. —

As eleições do mês passado para o Parlamento Europeu produziram resultados melhores do que o esperado, e por uma simples razão: a maioria silenciosa pró-União Europeia se manifestou. Eles querem preservar os valores que guiaram a fundação da União Europeia, mas também querem mudanças radicais no modo como a União Europeia funciona atualmente. A principal preocupação é a mudança climática.

É algo propício para os partidos pró-União Europeia, especialmente os ecológicos. Os partidos anti-União Europeia, dos quais não se pode esperar nada construtivo, não obtiveram as vitórias que imaginavam, tampouco são capazes de formar a frente unida de que necessitariam para serem mais influentes.

Uma das instituições que precisa ser mudada é o sistema do Spitzenkandidat. A ideia seria oferecer uma seleção indireta para a liderança da União Europeia. Na verdade, como explicou Franklin Dehousse em um artigo brilhante mas pessimista no *EUobserver*, é pior do que escolha democrática nenhuma. Cada estado-membro tem partidos políticos reais, mas a combinação transeuropeia deles produz constructos artificiais que não servem a outro propósito senão promover as ambições pessoais de seus líderes.

Isso pode ser percebido com mais obviedade no Partido Popular Europeu (EPP), que chegou à presidência da Comissão em 2004. O atual líder do EPP, Manfred Weber, que não tem a menor experiência em um governo nacional, parece disposto a fazer praticamente qualquer acordo para permanecer com maioria parlamentar. Isso inclui abraçar o primeiro-ministro autocrata da Hungria, Viktor Orbán.

Orbán representa um sério problema para Weber, porque zombou abertamente das normas europeias e estabeleceu o que corresponde a um estado mafioso. Quase metade dos partidos nacionais que constituem o EPP queriam expulsar o partido de Orbán, o Fidesz. Contudo, em vez de fazer isso, Weber conseguiu convencer o EPP a impor uma exigência relativamente branda ao Fidesz: permitir que a Universidade Centro-Europeia (CEU, a qual fundei) continuasse funcionando livremente na Hungria como universidade norte-americana.

O Fidesz não cumpriu. Mesmo assim, o EPP não o expulsou, apenas o suspendeu, para ser parte do EPP quando o presidente da Comissão for escolhido. Orbán está tentando restabelecer o Fidesz como membro legítimo do EPP. Será interessante ver se Weber encontra uma forma de acomodá-lo.

O sistema do Spitzenkandidat não está baseado em um acordo intergovernamental; caso contrário, poderia ser modificado com facilidade. Seria muito melhor se o presidente da Comissão Europeia fosse eleito diretamente de uma lista selecionada de candidatos qualificados, mas isso exigiria mudanças no tratado. O presidente do Conselho Europeu poderia continuar a ser eleito por uma maioria qualificada dos estados-membros, como determina o Tratado de Lisboa.

A reforma que requer mudanças no tratado se justifica pelo aumento da legitimidade democrática conquistado nas eleições parlamentares europeias. O comparecimento na recente eleição ultrapassou os 50%, um crescimento abrupto comparado aos 42,6% de 2014. Na verdade, é a primeira vez que o comparecimento aumentou desde a primeira eleição, em 1979, quando houve a participação de 62% do eleitorado.

É muito estranho que, nessa ocasião, o sistema do Spitzenkandidat prometa produzir um *dream team*. O presidente francês, Emmanuel Macron, que se opõe a esse sistema por uma questão de princípios, é em boa medida responsável por isso acontecer. Em um jantar com o primeiro-ministro espanhol Pedro Sánchez, o ganhador das eleições gerais nacionais da Espanha, que precederam a votação do Parlamento Europeu, ambos os líderes concordaram em apoiar dois Spitzenkandidaten que seriam ideais para a Comissão e para o Conselho.

A maior defensora do sistema é a Alemanha. Se Manfred Weber perder, a Alemanha tentará levar Jens Weidmann, presidente do Bundesbank, à presidência do Banco Central Europeu. Ele não seria a pessoa ideal. Na verdade, Weidmann não se qualifica por ter testemunhado, perante o Tribunal Constitucional Federal da Alemanha, contra o Banco Central Europeu em um processo para invalidar as assim chamadas transações monetárias diretas (OMTs) do banco, política que foi crucial para superar a crise da zona do euro no início da década. Torço para que esse fato seja mais divulgado.

Qualquer outro candidato qualificado seria preferível a Weidmann. No pé em que estão as coisas, a França ficará sem cargos principais. Seria uma coisa boa caso a Alemanha também não tivesse, porque sobraria mais espaço para outros países.

Há muitas instituições na União Europeia, fora o sistema do Spitzenkandidat, que necessitam de uma reforma radical. No entanto, elas podem esperar até descobrirmos se, e até que ponto, será concretizada a promessa sugerida pelos resultados da eleição parlamentar. Ainda não é hora de decretar vitória, relaxar e comemorar. Há muito trabalho a ser feito para transformar a União Europeia em uma organização que funcione adequadamente, capaz de cumprir seu grande potencial.

## PÓS-ESCRITO

— 5 de agosto de 2019 —

Causa espanto realmente que um sistema disfuncional de escolha de líderes tenha produzido a liderança mais forte que a União Europeia presenciou desde os tempos de Jacques Delors. Como isso aconteceu?

O sistema do Spitzenkandidat foi abandonado em virtude da ampla rejeição sofrida por Manfred Weber, considerado desqualificado. O presidente Emmanuel Macron e a chanceler Angela Merkel fizeram uma escolha inspirada: Ursula von der Leyen. Trata-se de uma pró-União Europeia mais comprometida do que qualquer outro líder na União Democrata Cristã (CDU), com possível exceção de Norbert Röttgen, presidente da Comissão de Relações Exteriores no Bundestag. A nomeação veio como uma total surpresa para todos, incluindo a própria Von der Leyen, e provocou considerável oposição no Parlamento Europeu entre os defensores do sistema do Spitzenkandidat. Isso dificultou demais o processo de confirmação parlamentar. Ela passou com pouca margem. Os diversos compromissos feitos aumentarão a influência do Parlamento Europeu sobre a Comissão Europeia. Isso pode enfraquecer seu papel.

A situação teve um efeito colateral prejudicial: Viktor Orbán reivindica o crédito pela eleição de Von der Leyen. Estou convencido de que essa alegação é falsa, mas não tenho como provar, porque a votação foi secreta. Consequentemente, a alegação de Orbán é aceita e fornece munição para os que se opõem a Von der Leyen. Após o recente encontro entre os dois, Orbán aplaudiu o gesto de aproximação, mas Von der Leyen enfatizou que o principal assunto da conversa foi o respeito do governo do Fidesz ao estado de direito — uma diferença substancial.

Orbán faz jogo duplo. Por um lado, quer permanecer como membro do Partido Popular Europeu (EPP); por outro, continua cometendo violações clamorosas da lei europeia. Ele aboliu a independência da Academia de Ciências Húngara e confiscou as propriedades da instituição. Os demais membros estão furiosos, mas não recebem o devido apoio da União Europeia. Espero que essa seja uma das prioridades da presidente.

Depois de perder com Manfred Weber, a Alemanha tentou levar Jens Weidmann à presidência do Banco Central Europeu. Felizmente, o cargo foi para uma candidata bem melhor, Christine Lagarde. Isso criou uma vaga no Fundo Monetário Internacional, que será preenchida por Kristalina Georgieva, do Banco Mundial. Como benefício extra, o FMI e o Banco Mundial, onde Georgieva segue influente, trabalharão em uma parceria mais próxima do que em qualquer outro período da história. O equilíbrio de gênero e o equilíbrio regional também foram obtidos. As coisas não poderiam ter sido melhores.

Sou um defensor entusiasmado da proposta do presidente Emmanuel Macron de que Guy Verhofstadt seja nomeado para formar um grupo de trabalho para explorar alternativas melhores ao sistema de Spitzenkandidat. Seu relatório levará mais de um ano para ser preparado e será muito controverso quando for publicado. Isso permitirá algum progresso não só à Comissão Europeia mas também ao Parlamento em questões como a mudança climática, sobre a qual há maior consenso. Em todo caso, os líderes recém-eleitos da União Europeia terão um trabalho duro pela frente se esperam cumprir as altas expectativas relacionadas às suas nomeações.

Capítulo 6

## MINHA ESTRUTURA CONCEITUAL

*"Minha interpretação da reflexividade me permitiu prever a crise financeira e lidar com ela quando ocorreu"*

— Versão condensada de um artigo publicado no *Journal of Economic Methodology*, 13 de janeiro de 2014. —

## SEÇÃO I: INTRODUÇÃO

A reflexividade, ideia central da minha estrutura conceitual, não foi descoberta minha. Observadores anteriores já a conheciam — ou, pelo menos, alguns de seus aspectos —, muitas vezes sob nomes diferentes. Frank Knight (1921) explorou a diferença entre risco e incerteza. John Maynard Keynes (1936, Capítulo 12) comparou os mercados financeiros a um concurso de beleza em que os participantes tinham de conjecturar qual seria a escolha mais popular. O sociólogo Robert Merton (1949) escreveu sobre profecias autorrealizáveis, consequências imprevistas e o efeito adesão. Karl Popper falou do "efeito Édipo" em *A miséria do historicismo* (1957, Capítulo 5).

Minha estrutura conceitual vem da minha época como aluno da London School of Economics, no final da década de 1950. Fiz as provas de conclusão de curso um ano adiantado, então fiquei com um ano livre antes de receber o diploma. Pude escolher meu tutor e escolhi Popper, cujo livro *A sociedade aberta e seus inimigos* (1945) me impressionara muito.

Em sua outra grande obra, *A lógica da pesquisa científica* (1935/1959), Popper afirma que a verdade empírica não pode ser conhecida com certeza absoluta. Nem mesmo as leis científicas podem ser verificadas além de toda a sombra de dúvida: os testes podem apenas falseá-las. Um teste falho é suficiente — e, por mais que haja ocorrências confirmadas, não são suficientes para a verificação. Leis científicas são sempre hipotéticas por natureza, e sua validade é passível de falsificação.

Enquanto lia esses livros, eu também estudava teoria econômica, e chamou minha atenção a contradição entre a ênfase de Popper no entendimento imperfeito e a teoria da competição perfeita em economia, que postulava conhecimento perfeito. Isso me levou a questionar os pressupostos da teoria econômica. Substituí os postulados das expectativas racionais e dos mercados eficientes por meus próprios princípios de falibilidade e reflexividade.

Depois de me graduar, passei a trabalhar nos mercados financeiros e encontrei pouca utilidade para as teorias econômicas estudadas na faculdade. Por mais estranho que pareça, a estrutura conceitual que desenvolvera sob a influência de Popper me ofereceu insights bem mais valiosos. Embora estivesse empenhado em ganhar dinheiro, não perdi o interesse pela filosofia.

Publiquei meu primeiro livro, *A alquimia das finanças*, em 1987. Nele, tentei explicar os fundamentos filosóficos da minha abordagem dos mercados financeiros. O livro atraiu razoável atenção. É lido por pessoas na indústria do *hedge fund* e usado em escolas de negócios. No entanto, os argumentos filosóficos contidos nesse e em livros subsequentes (Soros, 1998, 2000) não impressionaram os departamentos econômicos das universidades. Minha estrutura conceitual foi, em grande parte, menosprezada como as veleidades de um homem bem-sucedido nos negócios que graças a isso se acha um filósofo. Vendo minhas teorias serem, na maior parte, ignoradas pelo mundo acadêmico, comecei a me considerar um filósofo fracassado — cheguei a dar uma palestra na Universidade de Viena, em 1995, intitulada "A Failed Philosopher Tries Again" [Um filósofo fracassado tenta outra vez]. Inspirado na altura da catedral, decretei a "doutrina da falibilidade".

Tudo isso mudou depois do colapso financeiro de 2008. Minha interpretação da reflexividade me capacitou a identificar a crise e a lidar com ela quando finalmente ocorreu (Soros, 2008, 2009). Quando suas consequências ultrapassaram as fronteiras dos Estados Unidos e chegaram à Europa e ao restante do mundo, pude explicar e prever os acontecimentos melhor do que a maioria (Soros, 2012). A crise pôs em nítido relevo as falhas da teoria econômica ortodoxa (Soros, 2010). Conforme as pessoas se davam conta do terrível fracasso da economia tradicional, o interesse na reflexividade aumentava.

Neste ensaio, articulo meu pensamento atual. Na Seção 2, explico os conceitos de falibilidade e reflexividade em termos gerais. Na Seção 3, discuto as implicações da minha estrutura conceitual para as ciências sociais em geral e para a economia em particular. Na Seção 4, descrevo como minha estrutura conceitual se aplica aos mercados financeiros, com atenção especial às bolhas financeiras e à atual crise do euro. Em seguida, concluo com alguns pensamentos sobre a necessidade de um novo paradigma nas ciências sociais.

## SEÇÃO 2: FALIBILIDADE, REFLEXIVIDADE E O PRINCÍPIO DA INCERTEZA

Minha estrutura conceitual se baseia em duas proposições relativamente simples. Chamo a primeira de *princípio de falibilidade*. Em situações com participantes pensantes, os pontos de vista sobre o mundo nunca correspondem ao real estado das coisas. As pessoas podem tomar conhecimento de fatos individuais, mas, quando se trata de formular teorias ou formar uma visão geral, a perspectiva delas costuma ser tendenciosa, incoerente ou ambas.

A segunda proposição é o que chamo de *princípio da reflexividade*. As opiniões imperfeitas mantidas pelas pessoas podem influenciar ou mudar o estado de coisas mediante suas ações. Por exemplo, se os investidores acreditam que os mercados são eficientes, essa crença mudará o modo como investem, o que, por sua vez, mudará o comportamento dos mercados dos quais participam.

Os dois princípios estão ligados como gêmeos siameses, mas a falibilidade nasceu primeiro: sem ela, não haveria reflexividade. Podemos observar ambos operando no mundo real. Então, quando meus críticos dizem que estou apenas reafirmando o óbvio, eles têm razão — mas só até certo ponto. O que torna minhas proposições interessantes é que elas contradizem alguns dos princípios básicos da teoria econômica. Minha estrutura conceitual merece atenção não porque constitui uma nova descoberta, mas porque uma ideia tão sensata como a reflexividade tem sido ignorada pelos economistas de forma tão deliberada. A disciplina da economia se esforça ao máximo para eliminar a incerteza associada à reflexividade de modo que formule leis universalmente válidas, similar à física newtoniana. Com isso, os economistas estabeleceram para si uma tarefa impossível. A incerteza associada à falibilidade e à reflexividade é inerente à condição humana. Para demonstrar isso, aglutinei os dois conceitos em um *princípio da incerteza*.

### Falibilidade

A complexidade do mundo em que vivemos excede nossa capacidade de compreendê-lo. Ante uma realidade extremamente complexa, somos obrigados a recorrer a vários métodos de simplificação: generalizações, dicotomias, metáforas, regras de decisão e preceitos morais, só para mencionar alguns.

A estrutura do cérebro é outra fonte de falibilidade. Avanços recentes na neurociência nos proporcionaram alguma percepção de como o cérebro funciona e confirmaram o insight de David Hume de que a razão é escrava da paixão. A ideia de um intelecto ou razão incorpóreo não passa de produto da nossa imaginação.

## Reflexividade

O conceito de reflexividade se aplica exclusivamente a situações com participantes pensantes. Seus pensamentos se prestam a duas funções. Uma é compreender o mundo em que vivemos — chamo isso de *função cognitiva*. A outra é causar impacto no mundo e promover os interesses dos participantes — o que chamo de *função manipulativa*. Uso o termo "manipulativa" para enfatizar a intencionalidade.

As duas funções conectam o pensamento dos participantes — ao qual me refiro como *realidade subjetiva* — e o real estado das coisas — que pode ser descrito como *realidade objetiva* — em direções opostas. Na função cognitiva, os participantes assumem o papel de observadores passivos: a direção da causalidade é do mundo para a mente. Na função manipulativa, os participantes desempenham papel ativo: a direção da causalidade é da mente para o mundo. As duas funções estão sujeitas à falibilidade. Quando ambas operam ao mesmo tempo, afetam tanto a realidade subjetiva quanto a objetiva. Em virtude da falibilidade, o resultado raramente corresponde às intenções do agente.

## A falta de um critério independente

Se a função cognitiva operasse sozinha, sem nenhuma interferência da função manipulativa, poderia produzir conhecimento. O conhecimento é representado por afirmações verdadeiras. Uma afirmação

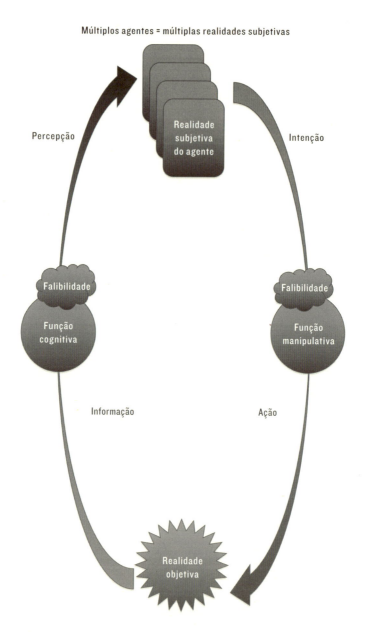

FIGURA I — Um sistema reflexivo

é verdadeira se corresponde aos fatos. No entanto, se a função manipulativa age, os fatos não servem mais como critério de verdade independente.

Considere a afirmação "Está chovendo". Sua verdade ou falsidade depende de estar ou não chovendo de fato. Acreditarmos ou não que chove no momento não muda os fatos. O agente pode verificar a afirmação sem nenhuma interferência da função manipulativa e, assim, obter conhecimento.

Agora, considere a afirmação "Eu amo você". A afirmação é reflexiva. Ela vai exercer um efeito no objeto da afeição, e a resposta do receptor possivelmente afetará os sentimentos da pessoa que a fez, mudando o valor de verdade da afirmação. Como a resposta vem após a afirmação original, a reflexividade muitas vezes leva a feedbacks em loop.

O feedback em loop conecta os domínios das crenças e dos acontecimentos. Uma vez que tanto a função cognitiva quanto a manipulativa estão sujeitas à falibilidade, a incerteza associada à reflexividade é introduzida nos dois domínios. O processo pode ser iniciado de qualquer direção, a partir de uma mudança nos pontos de vista ou nas circunstâncias.

A realidade objetiva é uma só, mas há tantos pontos de vista subjetivos quanto participantes pensantes. Os pontos de vista podem ser divididos em diferentes grupos — como céticos e convictos, seguidores e contrariadores de tendências, cartesianos e empíricos —, mas essas são simplificações, e as categorias não são fixas. Os agentes podem assumir pontos de vista que não sejam categorizados com facilidade. Além do mais, eles são livres para escolher entre categorias e trocar umas pelas outras.

Em casos extremos, talvez o processo ocorra solitariamente com um indivíduo — por exemplo, a pessoa se pergunta quem é e pelo que está lutando, o que a leva a agir, e, por sua vez, isso afeta suas percepções sobre a própria identidade. É o que pode ser chamado de autorreflexividade.

### Sistemas reflexivos

Permitam-me ilustrar a relação complexa entre pensamento e realidade com a ajuda de um diagrama. A Figura 1 descreve os papéis das funções cognitiva e manipulativa, a falibilidade, a reflexividade e a intencionalidade. No conjunto, podemos pensar nisso como um sistema reflexivo.

Mencionei a presença de múltiplos participantes e, portanto, de múltiplas realidades subjetivas. Não obstante, o diagrama é inadequado porque exigiria três dimensões para mostrar os múltiplos participantes interagindo entre si, bem como com o aspecto objetivo da realidade.

### O princípio da incerteza

O economista Frank Knight (1921) introduziu uma importante distinção entre risco e incerteza. Risco é quando há múltiplos estados futuros possíveis e se conhecem as probabilidades de esses diferentes estados futuros ocorrerem. O risco é bem definido pelas leis de probabilidade e estatística. A incerteza, para ele, ocorre quando as probabilidades de estados futuros ou até a natureza desses estados futuros possíveis não são conhecidas.

A falibilidade é uma fonte crucial da incerteza knightiana nos assuntos humanos, mas de modo algum é a única. Por exemplo, participantes diferentes têm metas diferentes, talvez conflitantes entre si. Além do mais, como observou Isaiah Berlin, os participantes podem se pautar por uma multiplicidade de valores que podem não ser consistentes entre si. As incertezas criadas por esses fatores são mais amplas do que as associadas especificamente à reflexividade.

Vale lembrar, também, que nem todas as formas de falibilidade geram incerteza knightiana. Algumas formas estão sujeitas à análise estatística — o erro humano levando a acidentes rodoviários, por exemplo.

Os seres humanos lidam com riscos quantificáveis e com a incerteza knightiana. Há muitas atividades previsíveis, ou pelo menos atividades com probabilidades podendo ser calculadas. Os economistas comportamentais catalogaram muitas regularidades no comportamento humano, mas, com poucas exceções, esses experimentos não tratam da reflexividade. A maioria dos experimentos desse tipo mede nossa percepção da realidade objetiva (por exemplo, tentar lembrar números, conjecturar as probabilidades de diferentes eventos, e assim por diante) e, desse modo, constitui medidas da falibilidade da função cognitiva. A função manipulativa raramente é estudada.

Já mencionei a combinação entre reflexividade e falibilidade como o princípio da incerteza. Isso faz dele um conceito mais amplo do que a reflexividade. É bem mais específico e rigoroso do que o ceticismo subjetivo que domina a filosofia cartesiana. Ele nos dá razões objetivas para considerar as teorias dos participantes como propensas a serem tendenciosas, incompletas ou ambas.

## SEÇÃO 3: A FILOSOFIA DAS CIÊNCIAS SOCIAIS

A ideia de que as ciências devem ser unificadas remonta aos pré-socráticos e tem sido tema de debate filosófico desde então. Popper (1935/1959, 1957) sugeriu demarcar a fronteira entre ciência e metafísica com seu conceito das hipóteses falseáveis; além disso, afirmou que tais hipóteses também poderiam levar unidade metodológica às ciências.

Embora eu tenha sido muito inspirado por Popper, esse é um aspecto importante em que discordo do meu mentor. Creio que a reflexividade desafia a ideia de que as ciências naturais e sociais podem ser unificadas; e também que as ciências sociais podem ser uma atividade humana valiosa, mas para isso devemos admitir suas diferenças fundamentais das ciências naturais.

## A teoria do método científico de Popper

Baseio meu argumento na teoria do método científico de Popper (1935/1959). Um dos insights fundamentais de Popper foi que as leis científicas são de caráter hipotético — não são verificáveis, mas podem ser falseadas por provas empíricas. A chave do sucesso do método científico é que ele pode testar generalizações de validade universal com a ajuda de observações singulares. Um teste falho é capaz de falsear uma teoria, mas não há quantidade de casos confirmados suficientes para atestá-la. Generalizações que não podem ser postas à prova não são consideradas científicas.

Essa é uma construção brilhante que torna a ciência ao mesmo tempo empírica e racional. Segundo Popper, a ciência é empírica porque testamos nossas teorias observando se as previsões que extraímos delas são verdadeiras, e é racional porque usamos lógica dedutiva ao fazê-lo. Popper abre mão da lógica indutiva, que considera inválida, e, em lugar disso, atribui um papel central à comprovação. Ele faz ainda uma defesa convincente do pensamento crítico, afirmando que as leis científicas têm validade apenas provisória e permanecem abertas a novos exames. As três características predominantes do esquema proposto por Popper são a simetria entre previsão e explicação; a assimetria entre verificação e falsificação; e o papel central da comprovação científica. Esses são os três aspectos que permitem à ciência crescer, melhorar e inovar.

## Problemas das ciências sociais

O esquema de Popper funciona muito bem para o estudo dos fenômenos naturais, mas sua suprema simplicidade e elegância são frustradas pelo princípio da incerteza. A simetria entre previsão e explicação fica arruinada, pois o futuro é genuinamente incerto e, portanto, não pode ser previsto com o mesmo grau de certeza com que pode ser explicado em retrospecto. Alguém talvez argumentasse que a incerteza existe em todos os domínios da ciência. Contudo, enquanto o princípio da incerteza de Heisenberg, na mecânica quântica, está sujeito às leis das probabilidades e estatísticas, as profundas incertezas knightianas dos assuntos humanos associadas ao princípio da incerteza não estão.

Ainda mais importante, o papel central da comprovação corre perigo. As condições iniciais e finais deveriam incluir ou excluir o pensamento dos participantes? A questão é relevante porque o teste científico exige a reprodução dessas condições. Se o pensamento dos participantes for considerado, fica difícil determinar as condições iniciais e finais, porque o ponto de vista deles só pode ser inferido com base em suas declarações e ações. Se o pensamento deles for excluído, as condições iniciais e finais não constituem observações singulares, porque as mesmas condições objetivas talvez estejam associadas a pontos de vista subjetivos muito diferentes. Em qualquer caso, a comprovação não atende às exigências do esquema de Popper. Essa limitação não impede que as ciências sociais produzam generalizações úteis, mas dificilmente estarão à altura da capacidade previsora das leis da física. A comprovação empírica deveria desempenhar um papel central também nas ciências sociais, mas não podemos esperar que produza generalizações universais e eternas. Esse argumento será desenvolvido no final da Seção 4.

## A estrutura dos acontecimentos

Considero que situações com participantes pensantes têm estrutura diferente dos fenômenos naturais. A diferença reside no papel desempenhado pelo pensamento. Nos fenômenos naturais, pensar não desempenha papel causal. Os acontecimentos se desenrolam independentemente dos pontos de vista mantidos pelos observadores. A estrutura dos acontecimentos naturais pode ser descrita como uma cadeia de causa e efeito, gerando um fluxo de fatos objetivos, sem nenhuma interferência dos aspectos subjetivos da realidade (ver Figura 2).

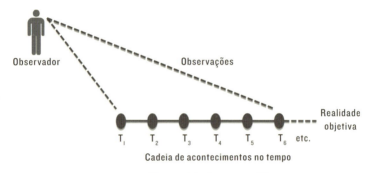

FIGURA 2 — Uma cadeia de causa e efeito

Nas ciências naturais, o observador externo tem envolvimento apenas na função cognitiva, e os fatos oferecem um critério confiável pelo qual a veracidade das teorias dos observadores pode ser julgada. Assim, os observadores externos extraem conhecimento dos fenômenos naturais que observam. Com base nesse conhecimento, a natureza é manipulada com sucesso. Tal manipulação muda o estado do mundo físico, mas não as leis que governam esse mundo. Podemos usar nossa compreensão do mundo físico para fabricar aviões, mas a invenção do avião não mudou as leis da aerodinâmica.

Por outro lado, nos assuntos humanos, pensar *faz parte* do assunto em questão. O curso dos eventos conduz não apenas de um fato a outro como também dos fatos às percepções dos participantes (função cognitiva) e das decisões dos participantes aos fatos (função manipulativa). A Figura 3 é uma representação simplificada da estrutura dos eventos sociais. Ilustra que há um único aspecto objetivo, e os aspectos subjetivos da realidade seguem a quantidade de participantes pensantes. Os feedbacks em loop reflexivos entre os aspectos objetivos e subjetivos da realidade criam um padrão semelhante a um laço, sobreposto à linha direta que leva de um conjunto de fatos ao seguinte e o desvia do que ele seria se não houvesse o feedback em loop. Esse processo de realimentação às vezes aproxima os aspectos subjetivos e objetivos, e às vezes os afasta. Os dois estão alinhados, mas de forma frouxa — o princípio da incerteza humano implica que um alinhamento perfeito é antes a exceção do que a regra.

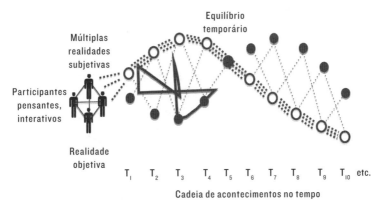

FIGURA 3 — Fenômenos sociais

## Inveja da física

O esquema de Popper exigiria que os cientistas sociais produzissem generalizações de validade universais e eternas que determinassem o alinhamento dos aspectos objetivo e subjetivo da realidade. Se o princípio da incerteza humano é válido, a tarefa é impossível. Contudo, as conquistas das ciências naturais, exemplificadas na física newtoniana, foram tão fascinantes que os economistas e outros cientistas sociais fizeram uma força incrível para estabelecer essas generalizações. Sofriam do que chamo de "inveja da física". Para alcançar o impossível, inventaram ou postularam uma relação fixa de algum tipo entre o pensamento dos participantes e o real curso dos acontecimentos. Karl Marx afirmou que as condições materiais de produção determinavam a superestrutura ideológica; Freud sustentava que o comportamento humano era determinado pelo inconsciente. Ambos defendiam o status científico de sua obra, mas Popper argumentou corretamente que suas teorias não podiam ser falseadas com testes.

Popper poderia ter ido mais longe. O mesmo argumento se aplica à teoria econômica ortodoxa atualmente ensinada nas universidades. Trata-se de um sistema axiomático baseado na lógica dedutiva, e não na evidência empírica (o livro mais popular usado para ensinar microeconomia aos alunos de pós-graduação tem mais de mil páginas, com inúmeras demonstrações axiomáticas e sem um único fato). Se os axiomas são verdadeiros, as deduções matemáticas também são. Nesse aspecto, a teoria econômica se parece com a geometria euclidiana, mas os postulados de Euclides são moldados sob as condições predominantes no mundo real, enquanto pelo menos parte dos postulados da economia — em destaque, a escolha racional e as expectativas racionais — é ditada antes pelo desejo de emular a física newtoniana do que pelas evidências do mundo real.

A malfadada tentativa dos economistas de copiar a física tem uma longa história. Esse processo começou com a teoria da competição perfeita, que postulava conhecimento perfeito. Esse postulado foi mais tarde modificado para informação perfeita universalmente disponível. Quando se mostrou inadequado, Lionel Robbins, que foi meu professor na London School of Economics, definiu a tarefa da economia como a alocação de meios limitados a fins alternativos ilimitados (Robbins, 1932). Ele excluiu o estudo dos meios e dos fins em si. Tomando os valores e métodos de produção prevalecentes como dados, Robbins eliminou a reflexividade como possível tema de estudo em economia. Subsequentemente, essa abordagem conheceu seu auge com as hipóteses das expectativas racionais e do mercado eficiente nas décadas de 1960 e 1970.

Certamente, a inveja da física não é injustificada. As conquistas das ciências naturais representam um testemunho convincente da capacidade humana para usar a razão. Infelizmente, essas conquistas não asseguram que o comportamento humano seja sempre governado pela razão.

## A incerteza humana como barreira ao método científico

O princípio da incerteza não impede apenas as ciências sociais de produzir resultados comparáveis à física. Também interfere no método científico em outros aspectos. Mencionarei apenas um.

Como vimos, os fenômenos naturais fornecem um critério genuinamente independente para julgar a validade das generalizações, mas os fatos produzidos pelos processos sociais não, pois estes são influenciados por teorias mantidas pelos participantes. Isso deixa as próprias teorias sociais sujeitas à reflexividade. Em outras palavras, elas se prestam não só a uma função cognitiva como também manipulativa.

Sem dúvida, as generalizações e observações dos cientistas naturais também estão repletas de teorias que influenciam a seleção dos fatos, mas não os fatos em si. O princípio da incerteza de Heisenberg mostrou que o ato da observação impacta um sistema quântico, mas a descoberta do princípio da incerteza em si não alterou em nada o comportamento das partículas quânticas. O princípio se aplicava antes de Heisenberg descobri-lo e continuará válido muito depois de os observadores humanos desaparecerem. Já as teorias sociais — o marxismo, o fundamentalismo de mercado ou a teoria da reflexividade — podem afetar o assunto ao qual se referem.

O método científico deve ser devotado à busca da verdade. Mas por que as ciências sociais deveriam se restringir a estudar passivamente os fenômenos sociais quando também podem mudar ativamente o estado de coisas? A tentação de usar teorias sociais para transformar a realidade, mais do que compreendê-la, é bem maior do que nas ciências naturais. Os economistas costumam falar em economia normativa *versus* positiva — mas a economia normativa não existe. Essa é uma diferença fundamental entre as ciências naturais e sociais que precisa ser percebida.

### Um espectro entre as ciências físicas e sociais

Em minha argumentação, tracei uma distinção precisa entre as ciências sociais e naturais, mas essas dicotomias em geral não são encontradas no mundo real. Na verdade, elas são introduzidas por nós em nossas tentativas de extrair sentido de uma realidade no mínimo desconcertante. De fato, embora a dicotomia entre a física e as ciências sociais pareça nítida, há outras ciências, como a biologia e o estudo das sociedades animais, que ocupam posições intermediárias.

A distinção que faço entre as ciências naturais e sociais consiste na presença ou não de participantes pensantes com vontade própria. Isso leva à questão do que seria um "participante pensante". Não seria absurdo nos perguntarmos se um chimpanzé, um golfinho ou um programa de investimento em ações não seriam participantes pensantes. Em certas áreas, uma capacidade maior de análise de dados pode superar a imaginação humana, como mostrou a disputa de xadrez entre o Big Blue e Garry Kasparov. E os sistemas de investimento automatizados parecem, no momento, superiores aos *hedge funds* geridos por humanos. Entretanto, vale lembrar que humanos têm características únicas, em particular linguagem, emoções e cultura. Nossa realidade subjetiva, seja individual, seja compartilhada, é muito mais rica e complexa do que a de qualquer outra criatura, incluindo os produtos da inteligência artificial.

É óbvio que há alguns problemas que separam as ciências naturais das sociais. Eu foquei na reflexividade. Ela se apresenta tanto como assunto quanto seu estudo científico, de modo que deve ser tratada como dois problemas intimamente correlacionados. Como assunto, o problema se apresenta como o princípio da incerteza humano. Não tem equivalente nas ciências naturais. Para o método científico, o problema é mais complexo porque os cientistas também são humanos, e seu pensamento também se presta a duas funções. Esse problema se dá tanto nas ciências naturais quanto nas sociais, mas uma análise das várias soluções possíveis produz diferentes resultados.

A ciência é uma disciplina que busca aperfeiçoar a função cognitiva isolando-se artificialmente da função manipulativa. Ela faz isso ao se sujeitar a uma série de convenções, como a insistência em testes empíricos que possam ser reproduzidos e/ou observados por outros. O esquema de Popper mostra o que as ciências naturais podem conseguir caso obedeçam a essas regras e convenções. Como já expliquei, o princípio da incerteza humano impede as ciências sociais de alcançar essas realizações, mas ainda há outro aspecto a considerar: o que acontece quando essas regras e convenções não são observadas? Lembre que meu critério de demarcação entre as ciências naturais e sociais é que estas são reflexivas; aquelas, não. Em outras palavras, as ciências sociais podem alterar a realidade objetiva influenciando o ponto de vista dos participantes, mas as ciências naturais, não, porque seu assunto não tem participantes pensantes. Foi isso que eu quis dizer quando comentei, em *A alquimia das finanças*, que os alquimistas cometeram um erro ao tentar mudar a natureza dos metais comuns por encantamento. Em vez disso, eles deveriam ter prestado atenção nos mercados financeiros e talvez conseguissem isso. Vamos agora aprofundar um pouco mais a análise.

As ciências naturais podem operar maravilhas contanto que sigam o esquema de Popper, pois seu critério é puramente objetivo — os fatos, mediante os quais a verdade ou a validade de suas leis pode ser julgada, mas não produzem nada útil trapaceando no processo de comprovação. Um carro que não obedeça às leis da física não sairá do lugar; um avião não voará.

E quanto às ciências sociais? Como vimos, segundo o esquema de Popper, não se pode esperar que elas tragam resultados comparáveis aos das ciências naturais. Inversamente, teorias sociais também se prestam a uma função manipulativa, e sua influência sobre a realidade objetiva pode ser muito bem-sucedida na conquista da sua meta — ao menos por um tempo, até a realidade objetiva se reafirmar e o resultado deixar de corresponder às expectativas. Muitas declarações manipulativas se encaixam nesse padrão. O presidente Obama conseguiu tornar a recessão pós-2008 mais breve e superficial afirmando que a economia estava fundamentalmente sólida e prometendo uma rápida recuperação, mas pagou um alto preço político quando a realidade não correspondeu a suas promessas. O presidente do Federal Reserve, Alan Greenspan, se revelou um manipulador magistral e foi mais difícil provar que seus pronunciamentos oraculares estavam errados. Tanto Freud quanto Marx procuraram obter aceitação para suas teorias asseverando seu caráter científico.

Um dos casos mais interessantes é a hipótese do mercado eficiente e sua companheira política, o fundamentalismo de mercado. Como veremos, o mecanismo que oferece algum grau de justificativa para a alegação de que os mercados estão sempre certos é a reflexividade; não são as expectativas racionais. Contudo, uma falsa explicação pode ser subjetivamente mais atraente do que a que considero verdadeira. A hipótese do mercado eficiente permite à teoria econômica reivindicar o status de *hard science*, como a física; e o fundamentalismo de mercado permite aos financeiramente bem-sucedidos alegar que estão servindo ao interesse público quando cuidam dos próprios interesses. Essa combinação poderosa dominou a área até causar grande prejuízo na crise financeira de 2007-2008. Surpreendentemente, ela sobreviveu: a ala conservadora do Partido Republicano conseguiu culpar antes o governo do que o setor privado pela crise financeira.

## Limites e promessas das ciências sociais

Um fato interessante é que tanto Karl Popper quanto Friedrich Hayek reconheceram, no famoso diálogo nas páginas da *Economica* (Popper, 1944), que as ciências sociais são incapazes de produzir resultados comparáveis à física. Hayek investiu contra a aplicação mecânica e acrítica dos métodos quantitativos das ciências naturais, que chamou de "cientificismo", e Popper escreveu *A pobreza do historicismo* (1957), no qual afirmou que a história não é determinada por leis científicas universalmente válidas. Não obstante, Popper proclamou o que chamou de a "doutrina da unidade de método", querendo dizer que tanto as ciências naturais quanto as sociais deveriam usar os mesmos métodos e serem julgadas segundo os mesmos critérios.

Proclamando a doutrina, Popper almejava diferenciar teorias pseudocientíficas, como as de Marx e Freud, da economia ortodoxa. Conforme já foi mencionado, Popper não foi longe o bastante: a teoria da escolha racional e a hipótese do mercado eficiente são tão pseudocientíficas quanto as teorias marxista e freudiana.

A meu ver, a implicação do princípio da incerteza humano é que o assunto das ciências naturais e sociais é fundamentalmente diferente. Logo, elas precisam de diferentes métodos e devem atender a diferentes expectativas. Não podemos esperar que a teoria econômica atinja os padrões estabelecidos pela física newtoniana. Na verdade, se ela produzisse leis universalmente válidas, o lucro econômico em si seria impossível, como observou Knight (1921, p. 28):

> Se todas as mudanças agissem de acordo com leis invariáveis e universalmente conhecidas, de modo que pudessem ser previstas por um período indefinido antecipadamente à sua ocorrência [...], o lucro ou o prejuízo não aconteceriam.

Defendo que o esquema de Popper não consegue produzir resultados, na esfera humana, comparáveis às espantosas realizações da física. A imitação subserviente das ciências naturais pode levar a resultados enganosos, às vezes com consequências desastrosas. Vejam as consequências da teoria das expectativas racionais: ela impediu os economistas de admitir a reflexividade e encorajou o desenvolvimento de instrumentos financeiros sintéticos e técnicas de gestão de risco que desconsideram a incerteza knightiana.

Minha argumentação induz a perguntar o que os cientistas sociais devem fazer, que métodos devem usar e por quais critérios devem ser avaliados. Tenho uma resposta apenas parcial. Qualquer metodologia válida de ciências sociais tem de admitir explicitamente tanto a falibilidade e a reflexividade quanto a incerteza knightiana por elas criada. Testes empíricos deveriam permanecer um critério decisivo para julgar se uma teoria se qualifica como científica, mas, à luz do princípio da incerteza humano nos sistemas sociais, eles nem sempre conseguem ser tão rigorosos quanto exige o esquema de Popper. Também não podemos esperar que teorias universal e eternamente válidas produzam previsões exatas, porque os acontecimentos futuros são uma contingência de decisões futuras, fadadas a falhar. Em economia, teorias contingentes, ligadas ao momento e ao contexto, poderiam produzir explicações e previsões mais úteis do que as generalizações eternas e universais baseadas em pressupostos infundados.

## SEÇÃO 4: MERCADOS FINANCEIROS

Os mercados financeiros constituem um excelente laboratório para testar as ideias que propus anteriormente. O curso dos eventos é mais fácil de observar do que na maioria das outras áreas. Muitos fatos assumem uma forma quantitativa, e os dados são bem registrados e preservados. A oportunidade para pôr isso à prova ocorre porque minha interpretação dos mercados financeiros contradiz diretamente a hipótese do mercado eficiente, que é o paradigma prevalecente.

A hipótese do mercado eficiente afirma que os mercados tendem ao equilíbrio e que os desvios ocorrem de forma aleatória e podem ser atribuídos a choques externos. É possível testar a melhor forma de explicar e prever eventos — com a hipótese do mercado eficiente ou minha teoria da reflexividade. Afirmo que minha teoria da reflexividade é superior, apesar de seu estágio rudimentar de desenvolvimento, em fornecer explicação e previsão para os mercados financeiros em geral e os acontecimentos históricos, como a crise financeira de 2007-2008, e a subsequente crise do euro em particular.

### Minha estrutura conceitual

Descrevo a seguir como os três conceitos-chave da minha abordagem — falibilidade, reflexividade e princípio da incerteza — se aplicam aos mercados financeiros. Primeiro, a falibilidade. Os preços de mercado dos ativos financeiros não refletem com precisão seu valor intrínseco porque essa sequer é a intenção deles. Eles refletem as expectativas dos participantes nos futuros preços de mercado. Além do mais, os participantes do mercado estão sujeitos à falibilidade. Como consequência, suas expectativas sobre o valor presente descontado de futuros fluxos de rendimentos tendem a divergir da realidade. A divergência vai de desprezível a significativa. Isso está em direta contradição com a hipótese do mercado eficiente, que não admite falibilidade.

Agora, a reflexividade. Em vez de desempenhar um papel puramente passivo em refletir uma realidade subjacente, os mercados também têm um papel ativo: podem afetar os fluxos de rendimentos futuros que deveriam refletir. Esse é o ponto que os economistas comportamentais deixaram de perceber. A economia comportamental põe em foco apenas metade do processo reflexivo — a falibilidade cognitiva levando à precificação incorreta dos ativos — e não se ocupa dos possíveis efeitos causados nos fundamentos pela precificação incorreta.

Existem diversas vias pelas quais a precificação incorreta dos ativos financeiros pode afetar os assim chamados fundamentos. As mais utilizadas são as que envolvem o uso da alavancagem — tanto a alavancagem de dívida quanto de liquidez. Por exemplo, as empresas podem melhorar seus rendimentos por ação emitindo ações com preços inflados — pelo menos por um tempo. Os mercados talvez deem a impressão de que estão sempre certos, mas o mecanismo em operação é bem diferente do que está envolvido no paradigma prevalecente. Os mercados afetam os fundamentos que deveriam refletir.

O princípio da incerteza transforma o que a teoria econômica trata como generalizações eternas em um processo histórico circunscrito ao tempo. Se os agentes atuam com base em seu entendimento imperfeito, o equilíbrio está longe de ser uma condição universal e eternamente predominante nos mercados financeiros. Talvez os mercados tendam a se afastar do equilíbrio tão facilmente quanto se aproximam dele. Em vez de universal e eternamente prevalecente, o equilíbrio passa a ser uma condição extrema em que as expectativas de mercado subjetivas correspondem à realidade objetiva. Em teoria, tal correspondência seria provocada pela função cognitiva ou manipulativa em si — as percepções podem mudar para corresponder à realidade ou levar a ações que mudem a realidade para corresponder às percepções. Na prática, porém, a correspondência é provavelmente fruto de uma interação reflexiva entre as duas funções. Enquanto a economia tradicional percebe o equilíbrio como um estado de coisas normal — na verdade, necessário —, vejo esses períodos de estabilidade como excepcionais. Meu foco está nos feedbacks em loop reflexivos que caracterizam os mercados financeiros e sempre os levam a mudanças.

### Feedbacks em loop negativos *versus* positivos

Os feedbacks em loop reflexivos podem ser negativos ou positivos. O feedback negativo aproxima o ponto de vista dos participantes da situação real; o positivo o afasta. Em outras palavras, o processo de feedback negativo se corrige por conta própria. Ele pode prosseguir indefinidamente e, se não houver mudanças significativas na realidade externa, eventualmente levar a um equilíbrio em que as opiniões dos participantes correspondam ao resultado real.

É o que a teoria das expectativas racionais espera que aconteça nos mercados financeiros. Ela postula a existência de um único conjunto correto de expectativas em torno das quais converge o ponto de vista das pessoas e os desvios são aleatórios — não existe divergência intrínseca entre as previsões dos participantes e o que vem a ocorrer. Esse postulado não se assemelha em nada à realidade, mas é um princípio central da economia lecionada nas universidades e usado até nos modelos dos bancos centrais. Na prática, as expectativas dos participantes do mercado divergem da realidade em maior ou menor grau, e seus erros podem ter correlação e significativo viés. Essa é a causa genérica das distorções de preço. Tal equilíbrio, que é o caso central na teoria econômica ortodoxa, é um caso extremo de feedback negativo, um caso limitante em minha estrutura conceitual. Como o equilíbrio é algo tão difícil de acontecer na vida real, prefiro considerar condições de "quase equilíbrio".

Por outro lado, um processo de feedback positivo reforça a si mesmo. Ele não pode prosseguir eternamente porque, no fim, as perspectivas dos participantes se afastariam de tal forma da realidade que teriam de presumi-las como irreais. O processo interativo tampouco pode ocorrer sem uma mudança no verdadeiro estado de coisas, pois o feedback positivo reforça qualquer tendência prevalecente no mundo real. Em lugar de equilíbrio, enfrentamos um desequilíbrio dinâmico, ou o que pode ser descrito como condições "longe do equilíbrio".

Há uma infinidade de feedbacks em loop em operação nos mercados financeiros a qualquer momento. Alguns são positivos; outros, negativos. Contanto que estejam mais ou menos em equilíbrio, eles se anulam, e as flutuações de mercado não têm uma direção definida. Comparo essas oscilações à marola que agita uma piscina em oposição às marés e correntezas que podem prevalecer quando os feedbacks positivos preponderam. Uma vez que os feedback positivos reforçam a si mesmos, eles crescem a ponto de eclipsar todas as demais tendências do mercado.

Os feedbacks em loop negativos tendem a ser onipresentes, mas os positivos são mais interessantes, pois podem causar grandes movimentações tanto nos preços do mercado quanto nos fundamentos subjacentes. Um processo de feedback positivo que se desenrola até o fim reforça a si mesmo, no início, em uma direção, mas, no fim, tende a atingir um clímax ou ponto de reversão e então reforça a si mesmo na direção oposta. No entanto, os processos de feedback positivo não necessariamente vão até o fim. Eles podem ser abortados a qualquer momento por feedbacks negativos.

## Processos de expansão-colapso

Partindo dessas ideias, desenvolvi uma teoria sobre esses processos de expansão-colapso, ou bolhas (Soros, 1987, 2008). Toda bolha tem dois componentes: uma tendência subjacente que prevalece na realidade e um juízo equivocado relativo a essa tendência (ver Figura 4). O processo de expansão-colapso entra em ação quando uma tendência e um juízo equivocado reforçam um ao outro. O processo tende a ser testado por feedbacks negativos no decorrer do caminho, produzindo ápices que podem ou não se revelar genuínos. Se uma tendência é forte o bastante para sobreviver ao teste, tanto a tendência quanto o juízo equivocado serão ainda mais reforçados. No fim, as expectativas de mercado ficam tão afastadas da realidade que as pessoas são obrigadas a admitir a existência de um juízo equivocado. Segue-se um período de ocaso, durante o qual a dúvida aumenta e mais pessoas perdem a fé, mas a tendência prevalecente é sustentada pela inércia. Como Chuck Prince, ex-diretor do Citigroup, afirmou durante o ocaso da superbolha que culminou em 2008: "Enquanto a música tocar, você precisa se levantar e dançar. Ainda estamos dançando." Então, atinge-se um ponto em que a tendência é revertida — ela passa a reforçar a si mesma na direção oposta. Os processos de expansão-colapso tendem a ser assimétricos: as expansões se desenvolvem lentamente e levam muito tempo para se tornar insustentáveis; os colapsos tendem a ser mais abruptos em virtude da liquidação forçada de posições insustentáveis e das assimetrias introduzidas pela alavancagem.

O caso mais simples de todos é uma expansão imobiliária. A tendência que a precipita é o crédito fácil — o erro de juízo consiste no valor do dano colateral ser independente da disponibilidade de crédito. Na verdade, a relação é reflexiva. Quando o crédito fica mais barato e mais disponível, a atividade cresce, e os valores imobiliários aumentam. Há menos calotes, o desempenho do crédito melhora, e os critérios de empréstimo são relaxados. Assim, no auge da expansão, a quantidade de crédito envolvido está em seu máximo, e uma reversão precipita a liquidação forçada, derrubando os valores imobiliários. Por incrível que pareça, o juízo equivocado continua ocorrendo sob vários disfarces.

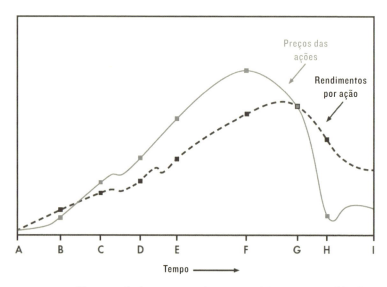

FIGURA 4 — Um mercado de expansão-colapso típico. No estágio inicial (AB), uma nova tendência de rendimento positivo ainda não é percebida. Então, chega um período de aceleração (BC) quando a tendência é reconhecida e reforçada pelas expectativas. Um período de teste pode intervir quando os rendimentos ou as expectativas oscilam (CD). Se a tendência positiva e o viés sobrevivem ao teste, ambos saem mais fortes. A convicção se desenvolve e não mais é abalada por um retrocesso nos rendimentos (DE). A diferença entre as expectativas e a realidade fica maior (EF) até a hora da verdade, quando a realidade não consegue mais sustentar as expectativas exageradas, e o viés é reconhecido como tal (F). Um período de ocaso sobrevém quando as pessoas continuam a disputar o jogo, embora não acreditem mais nele (FG). No fim, um ponto de intercessão (G) é atingido quando a tendência diminui e os preços perdem seu derradeiro ponto de apoio. Isso leva a uma aceleração descendente (GH), comumente conhecida como crise. O pessimismo se torna excessivo, os rendimentos estabilizam, e os preços se recuperam parcialmente (HI).

Outras bolhas estão baseadas em diferentes juízos errôneos. Por exemplo, a crise bancária internacional de 1982 girou em torno da dívida pública e, nesse caso, nenhum colateral esteve envolvido. A credibilidade dos devedores soberanos foi medida por vários índices, como dívida com o Produto Interno Bruto (PIB) ou serviço da dívida com as exportações. Esses índices foram considerados critérios objetivos, mas, na verdade, eram reflexivos. Quando a reciclagem de petrodólares, na década de 1970, aumentou o fluxo de crédito para países como o Brasil, seus índices da dívida melhoraram, encorajando novos influxos e dando início a uma bolha. Em 1980, Paul Volcker subiu as taxas de juros nos Estados Unidos para segurar a inflação, e a bolha da dívida pública estourou em 1982.

Bolhas não são a única forma pela qual a reflexividade se manifesta. São apenas a mais dramática e mais direta contradição com a hipótese do mercado eficiente; e, por isso, merecem atenção especial. A reflexividade pode assumir muitas outras formas. Nos mercados monetários, por exemplo, o *upside* e o *downside* são simétricos, de modo que não há sinal de assimetria entre a expansão e o colapso, tampouco há sinal de equilíbrio. As taxas de câmbio flutuando livremente tendem a se mover em grandes ondas ao longo de muitos anos.

## Mercados *versus* reguladores

Uma das interações reflexivas mais importantes e interessantes está entre as autoridades financeiras e os mercados financeiros. Como os mercados não tendem ao equilíbrio, a tendência é que produzam crises periódicas. Crises financeiras levam a reformas na regulamentação. Foi assim que evoluíram os bancos centrais e a regulação dos mercados financeiros. Tanto as autoridades financeiras quanto os participantes do mercado agem com base em um entendimento imperfeito, o que torna a interação entre eles reflexiva.

Enquanto as bolhas ocorrem apenas de forma intermitente, a interação entre autoridades e mercados é um processo contínuo. As incompreensões de parte a parte em geral ficam dentro de limites razoáveis, porque as reações do mercado fornecem um feedback útil para as autoridades, e elas corrigem seus equívocos. Todavia, ocasionalmente, os equívocos validam a si mesmos, pondo em movimento círculos viciosos ou virtuosos. Tais feedbacks em loop se parecem com bolhas no sentido de que, no começo, reforçam a si mesmos, mas acabam introduzindo a própria aniquilação — de fato, a intervenção das autoridades para lidar com crises financeiras periódicas desempenhou um papel crucial no surgimento de uma superbolha que estourou em 2007-2008 (Soros, 2008, 2009). A interação entre mercados e reguladores está também no coração da crise do euro.

## A crise do euro

Tenho acompanhado a crise do euro com atenção desde o início. Escrevi muitos artigos que foram reunidos em livro (Soros, 2012). Seria impossível resumir todos os meus argumentos para este ensaio, então foco apenas a interação reflexiva entre os mercados e as autoridades. Ambos agiram com base em seu entendimento imperfeito.

O projeto da moeda comum tinha muitas falhas. Algumas eram conhecidas na época da introdução do euro. Todo mundo, por exemplo, sabia que era uma moeda incompleta — embora tivesse um banco central, não tinha um tesouro comum, mas a crise de 2008 revelou muitas outras deficiências. Em retrospecto, a mais importante foi que, ao transferir o direito de imprimir dinheiro para um banco central independente, os países-membros corriam o risco de calote em seus títulos públicos. Em um país desenvolvido com moeda própria, o risco de calote é inexistente, porque sempre se pode imprimir dinheiro. No entanto, ao ceder ou transferir esse direito para um banco central independente, que não é controlado de fato por nenhum membro, os estados se colocam na posição de países do terceiro mundo contraindo empréstimo em moeda estrangeira.

Tanto os mercados quanto as autoridades não reconheceram esse fato antes da crise de 2008, o que prova a falibilidade de ambos. Quando o euro foi introduzido, as autoridades declararam os títulos públicos como tendo risco zero. Os bancos comerciais não eram obrigados a separar nenhuma reserva de capital contra os títulos públicos que possuíam. O Banco Central Europeu aceitou todos os títulos públicos em iguais termos na janela de desconto. Isso criou um incentivo perverso para os bancos comerciais adquirirem a dívida dos governos mais debilitados a fim de obter o que se tornou apenas alguns pontos-base, pois as taxas de juros sobre os títulos públicos convergiam a praticamente zero. Essa convergência nas taxas de juros causou divergências no desempenho econômico. Os países mais debilitados desfrutaram de um boom imobiliário e de consumo, enquanto a Alemanha, lidando com os obstáculos à reunificação, teve de adotar austeridade fiscal e reformas estruturais.

Após a falência do Lehman Brothers, os ministros das Finanças europeus declararam que não deixariam nenhuma outra instituição financeira sistemicamente importante quebrar. A chanceler Angela Merkel insistiu, então, que a obrigação recaísse sobre cada país individualmente, e não sobre a União Europeia ou a zona do euro. Foi o início da crise do euro. Levou mais de um ano para os mercados reagirem. Foi só quando a Grécia revelou um déficit fiscal muito maior do que o esperado que os mercados perceberam que o país poderia de fato dar calote em sua dívida — e elevaram à estratosfera os prêmios de risco não só sobre os títulos públicos gregos como também sobre os títulos de todos os países-membros cujas dívidas eram gigantescas.

O calote grego teria produzido uma crise bancária pior do que a falência do Lehman. As autoridades criaram uma série de pacotes de resgate, mas sempre agindo um pouco tarde demais, de modo que as condições na Grécia continuaram a se deteriorar. Isso estabeleceu um padrão para outros países altamente endividados, como Espanha, Itália, Portugal e Irlanda. Embora as ações do Banco Central Europeu tenham acalmado os mercados, a crise continua longe de resolvida. Em vez de ser uma associação entre iguais, a zona do euro se dividiu em duas categorias: os credores e os devedores. Em uma crise financeira, os credores ficam com a faca e o queijo na mão. As políticas impostas por eles perpetuam a divisão, pois os devedores têm de pagar prêmios de risco não só sobre os títulos públicos como também sobre o crédito bancário. O custo extra do crédito, que é um ônus recorrente, torna praticamente impossível aos países endividados retomar a competitividade.

Isso não é resultado de um plano maligno, mas sim da falta de compreensão de uma realidade extremamente complexa. Em meus artigos, propus uma série de medidas práticas que poderiam ter funcionado na época, mas logo depois se tornaram inadequadas. Por outro lado, se as autoridades tivessem adotado antes certas medidas que depois se dispuseram a adotar, poderiam ter impedido e revertido a tendência de baixa com a adoção das novas medidas. Do modo como se deu, conseguiram acalmar a crise, mas fracassaram em reverter a tendência.

Essa análise enfatiza o papel vital que a falibilidade desempenha em moldar o curso da história: sem ela, não teria havido crise.

A análise também mostra que, em condições "longe do equilíbrio", as regras normais não se aplicam. Um dos motivos para a crise persistir é a zona do euro ser governada por tratados pensados para condições de "quase equilíbrio". Obviamente, os economistas dependentes do paradigma predominante não poderiam ter chegado a essa conclusão.

## Rumo a um novo paradigma

Uma das ferramentas mais poderosas para fins de simplificação é o conceito de mudança. Em meu primeiro ensaio filosófico (Soros, 1962, 2006), escrito sob a influência de Karl Popper, usei o conceito de mudança para construir modelos de sistemas sociais e conectá-los reflexivamente a modos de pensar. Fiz a ligação entre a sociedade orgânica e o modo tradicional de pensar; a sociedade aberta e o modo crítico; e a sociedade fechada e o modo dogmático.

Percebe-se que minha estrutura conceitual abrange uma área muito mais extensa do que a teoria econômica. No entanto, os mercados financeiros constituem o melhor laboratório para estudar situações "longe do equilíbrio" em ação, porque elas se manifestam de modo explícito nos dados. Podem ser estudadas também em outras áreas, mas só na forma de narrativa histórica, como fiz em minha análise da crise do euro, em que a política e a economia financeira estão entremeadas.

A reflexividade foi em boa parte negligenciada até recentemente, porque conecta diferentes campos estudados por diferentes disciplinas. O mesmo se aplica a toda a minha estrutura conceitual: ela conecta as ideias à realidade. A realidade se fragmentou em campos de especialização bem específicos. Isso trouxe benefícios gerais, mas com uma grande desvantagem: a filosofia que lida com a realidade caiu em desgraça. Ela precisa ser reabilitada.

A economia ortodoxa tentou se isolar da realidade partindo de postulados que se revelaram muito afastados do que é real. A crise financeira de 2007-2008 e os eventos subsequentes expuseram a fraqueza dessa abordagem. A falência do Lehman Brothers representou a falência do paradigma predominante. Há necessidade urgente de um novo.

Este ensaio mostra que minha interpretação dos mercados financeiros — baseada em minha teoria da reflexividade — é radicalmente diferente da economia ortodoxa baseada nos mercados eficientes e nas expectativas racionais. As duas interpretações são pseudocientíficas, considerando os padrões de Popper. Por isso, chamei meu primeiro livro de A alquimia das finanças. Isso também explica por que alguns adeptos da hipótese do mercado eficiente ainda a defendem, a despeito de todas as evidências.

Mesmo assim, sustento que minha interpretação rende explicações e previsões melhores do que o paradigma predominante. Como conciliar essa afirmação com a minha argumentação inicial de que o futuro é inerentemente incerto e os mercados financeiros, inerentemente imprevisíveis? Recorrendo à lógica da descoberta científica de Popper. Como participante do mercado, formulo conjecturas e as exponho à refutação. Também presumo que outros participantes do mercado façam o mesmo, percebam ou não. Suas expectativas estão agregadas de forma útil aos preços de mercado. Logo, posso comparar minhas expectativas com os preços vigentes. Quando percebo uma divergência, percebo uma oportunidade de lucro. Quanto maior a divergência, maior a oportunidade. Popper fez afirmação similar sobre as hipóteses científicas. Filósofos da ciência o criticaram por isso, afirmando que a capacidade de previsão das teorias científicas não pode ser quantificada. Talvez não funcione para teorias científicas, mas sei, por experiência pessoal, que funciona na alquimia dos mercados financeiros.

Quando o comportamento do preço contradiz minhas expectativas, tenho de reexaminar minha hipótese. Se descubro que estou errado, tomo prejuízo; se concluo que o mercado está errado, aumento a aposta, sempre considerando o risco de que estarei errado em algum momento. Isso funciona bem em mercados eficientes, no sentido de que os custos de transação são mínimos; e não funciona em investimentos de *private equity*, que não são prontamente negociáveis. Meu histórico de desempenho é prova disso. Fui bem-sucedido nos mercados, mas não em *private equity*. Minha abordagem também pode ser útil para formular recomendações de políticas públicas, como atestam meus artigos sobre a crise do euro.

## CONCLUSÃO

Desde a crise de 2008, houve amplo reconhecimento — tanto entre economistas quanto pelo público em geral — de que a teoria econômica fracassou. Contudo, não existe consenso sobre as causas e a extensão desse fracasso.

Afirmo que o fracasso é mais profundo do que em geral se admite. Ele remonta às fundações da teoria econômica. A economia tentou tomar por modelo a física newtoniana. Buscou estabelecer leis universais e eternamente válidas que governam a realidade, mas a economia é uma ciência social, e há uma diferença fundamental entre ciências naturais e sociais. Os fenômenos sociais têm participantes pensantes incapazes de basear suas decisões no conhecimento perfeito e que não podem deixar de tomar decisões, uma vez que evitá-las também configura uma decisão. Eles introduzem um elemento de indeterminação no curso dos acontecimentos humanos que não existe no comportamento das coisas inanimadas. A incerteza resultante impede as ciências sociais de produzir leis similares à física newtoniana. Contudo, uma vez admitida a diferença, ela nos deixa livres para desenvolver novas abordagens ao estudo dos fenômenos sociais. Embora ainda não tenham sido desenvolvidas por completo, prometem muito.

Não poderia haver mais em jogo. As teorias equivocadas que permitiram a formação da "superbolha", os erros nas políticas econômicas cometidos na esteira da crise e a atual condução equivocada da crise do euro destacam o sofrimento humano que pode resultar de uma incompreensão fundamental da natureza dos sistemas econômicos. Admitir as implicações da nossa falibilidade será um grande avanço em nossa compreensão. Interpretar a economia como um sistema reflexivo pode não impedir futuras bolhas, crises ou políticas equivocadas, mas, no futuro, talvez possibilite insights mais profundos sobre os fenômenos econômicos e sociopolíticos, além de ajudar a humanidade a cuidar melhor de seus assuntos.

Sei que minha abordagem ainda é muito rudimentar. Durante a maior parte da minha vida, ela se desenvolveu na privacidade da minha mente. Só em anos recentes, contei com o benefício da crítica substantiva. Precisamos ver se minha estrutura conceitual pode ser desenvolvida em um novo paradigma. Muita coisa depende de conseguirmos modelar adequadamente os feedbacks em loop. Há um problema óbvio com a modelagem: a incerteza knightiana não pode ser quantificada. No entanto, talvez seja possível identificar as tendências sem que isso seja feito, bem como as mudanças nas tendências sem especificar o momento de sua ocorrência. Foi o que fiz em meu modelo de expansão-colapso (Figura 4). Também podemos usar a volatilidade, que é quantificável, para substituir a incerteza; e pode haver outras técnicas que lidem com essas questões, como a economia de conhecimento imperfeito (Frydman; Goldberg, 2013), ou novas abordagens que ainda não foram inventadas.

O novo paradigma certamente será muito diferente do que fracassou. Ele não deve ser eterno, pois é necessário admitir que certas mudanças não são recorrentes, enquanto outras exibem regularidades estatísticas. Além do mais, a teoria econômica não vai conseguir se isolar de outras disciplinas, muito menos da realidade. Talvez haja oportunidade para uma série de paradigmas ligando a economia a outras disciplinas, como a ciência climática.

Obviamente, não serei capaz de desenvolver essas ideias, considerando minha idade. Meus anos criativos estão praticamente terminados. Por isso, fundei o Institute for New Economic Thinking. Acredito que ele vai construir sobre as fundações filosóficas aqui estabelecidas.

# REFERÊNCIAS BIBLIOGRÁFICAS

BEINHOCKER, Eric D. Reflexivity, Complexity, and the Nature of Social Science. *Journal of Economic Methodology*, v. 20, n. 4, p. 330-342, 2013.

FRYDMAN, Roman; GOLDBERG, Michael D. The Imperfect Knowledge Imperative in Modern Macroeconomics and Finance Theory. In: FRYDMAN, Roman; PHELPS, Edmund S. (eds.). *Rethinking Expectations*: The Way Forward for Macroeconomics. Princeton: Princeton University Press, p. 130-168, 2013.

KEYNES, John Maynard. *The General Theory of Employment, Interest, and Money*. Nova York: Harcourt Brace, 1936.

KNIGHT, Frank H. *Risk, Uncertainty, and Profit*. Boston: Houghton Mifflin, 1921.

MANDELBROT, Benoît. The Variation of Certain Speculative Prices. *Journal of Business*, v. 36, n. 4, p. 394-419, 1963.

MERTON, Robert K. *Social Theory and Social Structure*. Nova York: Free Press, 1949.

POPPER, Karl. *Logik der Forschung*. Viena: Verlag von Julius Springer, 1935; *The Logic of Scientific Discovery*. Londres: Hutchinson, 1959.

_____. The Poverty of Historicism, II. A Criticism of Historicist Methods. *Economica*, v. 11, n. 43, p. 119-137, 1944.

_____. *The Open Society and Its Enemies*. Londres: Routledge, 1945.

_____. *The Poverty of Historicism*. Londres: Routledge, 1957.

ROBBINS, Lionel. *An Essay on the Nature and Significance of Economic Science*. Londres: MacMillan, 1932.

SOROS, George. *Burden of Consciousness*, 1962; versão revisada incluída em Soros, 2006.

_____. *The Alchemy of Finance*. Hoboken, NJ: Wiley & Sons, 1987.

_____. *The Crisis of Global Capitalism*: Open Society Endangered. Nova York: PublicAffairs, 1998.

_____. *Open Society*: Reforming Global Capitalism. Nova York: PublicAffairs, 2000.

_____. *The Age of Fallibility*: Consequences of the War on Terror. Nova York: PublicAffairs, 2006.

_____. *The New Paradigm for Financial Markets*: The Credit Crisis and What It Means. Nova York: PublicAffairs, 2008.

_____. *The Crash of 2008 and What It Means*: The New Paradigm for Financial Markets. Nova York: PublicAffairs, 2009.

_____. *The Soros Lectures at the Central European University*. Nova York: PublicAffairs, 2010.

_____. *Financial Turmoil in the United States and Europe*: Essays. Nova York: PublicAffairs, 2012.

| | |
|---:|:---|
| 1ª edição | JULHO DE 2021 |
| impressão | SANTA MARTA |
| papel de miolo | PÓLEN SOFT 80 G/M² |
| papel de capa | CARTÃO SUPREMO ALTA ALVURA 250 G/M² |
| tipografia | ADOBE JENSON PRO |